KB105225

홉스의 국가론과 평화 사상

유 정 갑 지음

홉스의 국가론과 평화 사상

유정갑 지음

철학과현실사

머리말

평화를 묻는 것은 미래를 묻는 것이다. 평화란 곧 정치적 지배질서의 조화와 인간들 모두의 성공적인 삶을 추구하는 것일 뿐만 아니라 궁극적으로는 인간과 자연의 화해를 도모하는 것이기도 하기 때문이다. 과학기술의 진보와 인간의 자연지배는 자유의 신장과 확대를 가져옴과 동시에 부정적 측면으로 생태계의 심각한 파괴도 수반했다. 평화가 미래를 묻는 것이라면 오늘날 도처에서 목도하고 있는 자연 생태계의 파괴는 평화에 대한 심각한 도전이 아닐 수 없다. 그러나 오늘날 평화에 대한 거대한 도전은 이것만이 아니다. 인구의 폭발적 증가와 선진산업국과 저개발국들 간의 경제적 대립, 빈곤, 이념 갈등은 물론 군사적 무력 수단을 통한 전쟁의 폭력은 더더욱 평화에 대한 심각한 위협이다. 이렇게 보면 평화와 생존은 오늘의 인류에게도 여전히 삶의 당위이며 의무요 동시에 미해결의 고민거리인 것이다.

토마스 홉스(1588~1679)는 시민전쟁의 소용돌이 속에서 살았기 때문에 혁명과 사회혼란을 두려워했다. 그는 『리바이어던』에서 정부수립 이전의 인간 조건을 자연 상태라고 불렀다. 이런 자연 상태의 조건 속에서 인간은 모두 서로에 대해 적이라고 생각했다. 여기서는 법도 존재하지 않기 때문에 서로가 자기 자신을 방어해야 한다. 또한 갈등과 분쟁을 해결해 줄 수 있는 법정도 존재하지 않기 때문에 오로지 투쟁의 길밖에 없다는 것이다. 이러한 모든 것은 전쟁의 상태에서나 있는 일이다. 따라서 자연 상태에서는 문화적 생활은 불가능해지고 삶 또한 더럽고 야만적이라고 했다.

홉스는, 인간은 자연 상태에서는 자기 보존을 위한 강력한 정부가 필요하고 그런 정부를 가짐으로써 평화로운 삶을 영위할 수 있다고 보았다. 홉스에 있어서 평화는 재화 획득을 위해 필요할 뿐만 아니라 더욱이 평화가 보장되려면 강한 정부가 존재해야 한다. 그리고 외부의 침략을 막아줄 강력한 국가가 있어야 한다고 보았다. 이러한 국가의 주권자에게는 그 성원들의 계약과 동의에 기초한 분할 불가능한 절대적 권한이 부여되어야 한다고 보았다. 국가의 성원들은 이렇게 자발적으로 자신들이 가지고 있는 권리를 포기하고 그것을 법과 질서로서의 평화와 교환하게 된다.

홉스는 국가를 인공적 인간으로 나타낸다. 그런 국가는 인간의 자연적 본성에 속하지 않는 인공품인 것이다. 그러면서도 홉스는 국가 존재 이유를 평화에서 찾았다. 곧 그에게는 국가적 지배의 시민적 상태와 평화의 상태가 일치하며 국가 없는 평화는 평화 없는 국가와 다르지 않다고 보았다. 평화를 전쟁과 대비시켜 해석하는 홉스는 전쟁이 없는 시대로 평화를 규정한다. 그의 평화 개넘의 첫 번째 특성이 전쟁의 중지를 의미한다면 두 번째 특성은 인간 본성의 메커니즘에 평화가 자리하고 있으므로 평화에의 희구는 인간의 자기 보존에서 도출되어야 한다는 것이다.

홉스는 자신의 평화에 대한 염원을 정치 이론으로 발전시켰다. 홉스는 평화가 확보되어야 사람들은 진정으로 자유를 누릴 수 있게 되며, 그것은 모든 사람들에게 주어져야 한다고 생각했다. 평화에 대한 갈망에도 불구하고 여전히 전쟁 상태를 방불케 하는 위험과 위협 속에서 살아가고 있는 현대인에게 홉스의 평화 사상은 그 자체의 한계에도 불구하고 여전히 귀 기울여 볼 가치를 지니고 있다. 홉스의 평화의 철학은 인류가 평화를 유지할 수 있는 확실한 장치를 마련하지 못하는 한 인간의 삶이란 항시적인 위험에 노출될 수밖에 없다는 경고를 담고 있기 때문이다.

지적인 갈증을 채우느라 이리저리 기웃거리며 막연한 공부에 지쳐 있는 필자에게 또 다른 기회를 주시고 하나에서 열까지 가르침을 주고 이끌어 주신 중앙대학교의 임혁재 교수님이 없었더라면 이 글은 처음부터 존재할 수 없었다. 어떤 감사의 말도 부족할 따름이다. 아울러 여러 모로 부족한 이 글의 출판에 기꺼이 응해 주신 철학과현실사에도 이 자리를 빌려서 감사드린다.

2005년 5월
유 정 갑

차 례

제 1 장

서 론

이 글의 목적은 홉스의 정치철학적 사고를 이끌고 있는 근본 동인을 평화의 추구와 달성에 있는 것으로 파악하고, 그의 주저 『리바이어던』을 중심으로 한 논리적 재구성을 통하여 이를 드러내 보이려는 데 있다.[1] 이를 위해 이 글은 홉스의 정치적 견해를 당시의 정치현실 및 이와 관련한 홉스의 단편적인 행적들에 대한

---

[1] 홉스의 철학에서 특별히 평화 개념을 강조하고 있는 견해에 대해서는 다음을 참조. 김용환, 『홉스의 사회 · 정치철학』, 철학과현실사, 1999, p. 171; N. Bobbio, *Thomas Hobbes and The Natural Law Tradition*, (trans.) D. Gobetti, Chicago & London: The University of Chicago Press, 1993, pp.197~198; C. B. Macpherson, "Introduction to Leviathan", *Leviathan*, Pelican Classics, 1981, p.9.

고려를 배제하고, 『리바이어던』에서 확립하고 있는 국가론을 평화의 달성이라는 목표에 따라 기획된 논리적 구성물로 읽어내려고 한다.

홉스가 『리바이어던』에서 구상하고 있는 국가론은 무엇보다도 연역적 논증과 논리적 추론에 의거하여 치밀하게 체계적으로 조직되어 있는 이론체계이다. 이전의 정치철학과 비교했을 때, 정치적 격동기를 경험하며 구상된 홉스의 국가론의 가장 두드러진 특징은 그의 학문 방법론이 보여주는 연역적 논증 방식과 이를 일관되게 적용한 논리적 명료성에 있다.

자연과학을 모범으로 삼고 기하학적 방법과 그에 따른 연역논증과 연역적 추리를 충실히 적용하여 구성해 내고 있는 그의 국가론은 확실한 전제로부터 출발해서 논리적 추론에 의거하여 일련의 결론들을 도출해 내는 방식으로 진행된다.

홉스는 정치적 불안은 물론 모든 일체의 신념들이 흔들리고 새로운 지식들이 수혈되고 있는 격변의 와중에서 변화의 실체를 읽어내고 이에 능동적으로 대처하고자 한 대표적인 사상가였으며, 그런 점에서 데카르트에 버금가는 근대인이자 근대철학의 비조(鼻祖)였다고 할 수 있다. 유럽의 16세기와 17세기는 아리스토텔레스의 철학과 인문주의, 신학과 과학, 종교와 정치, 그리고 다양한 정치적 신념들이 서로 대립하고 갈등을 빚던 변혁기였다.

홉스는 당시 격동의 와중에서 새로운 해결책과 질서를 위한 철학적 사유의 모델을 기하학적 방법에서 찾아냈다. 데카르트적 사유의 확실성에 버금가는 간명한 가설로부터 시작해서 모든 문제의 핵심을 간파할 수 있는 그야말로 의심의 여지가 없는 일련의 명제들을 도출해 내고자 함으로써 자신이 의식한 시대적 과제들에 대해서 전과는 전혀 다른 해법을 제시할 수 있었던 토대도 그가 40세가 넘어서야 심취하게 된 기하학이 보여주는 학문적 정확성이었다.

홉스는 인간의 행위를 포함한 모든 자연현상들을 역학적 원리에 따르는 운동의 산물로 파악한다. 따라서 그의 물체론, 심리학 내지는 인간학, 인공적 물체로서의 국가론 역시 그것을 구성하는 물체들의 운동 원리에 의거하여 설명하고자 한다. 말하자면, 우리가 보고 듣고 경험하는 거시적 현상들은 물체의 미시적 요소들의 운동의 축적 결과라는 입장을 취했다. 즉, 물체들의 가장 단순한 운동으로부터 더 복잡한 사건들로의 이행 과정을 보여줌으로써 모든 현상들에 대한 체계적 설명을 제공하려 했고, 이를 일관되게 그의 정치이론에까지 예외 없이 적용해 나갔다.

홉스의 국가는 하나의 거대 동물로서의 '리바이어던'이 암시하듯이 완벽하게 조립된 하나의 인공물이자 가공물이다. 홉스에게 국가는 곧 사회이며, 양자간에는 어떠한 차이도 존재하지 않는다. 국가와 정부의 차이 역시 마찬가지이다.

그러나 우리는 통상 하나의 국가와 사회란 역사적 실재요 엄연한 실제적 사건이라는 상식을 견지하고 있다. 그런 점에서 홉스를 비롯한 근대의 사회계약론은 분명 그것의 비역사성에 가해지는 반론들에 무력하기 쉽다. 또한 오늘날의 자유민주주의적 전통을 염두에 둘 때 그것은 고려할 일고의 가치도 없는 이론일 수도 있다. 그러나 그것이 안고 있는 비역사성, 비현실성 그리고 심지어 전제적 성격에서 비롯되는 비도덕성에도 불구하고 홉스의 국가론은 철저히 논리적 잣대로 읽어내지 않으면 안 되며, 그때에만 비로소 그의 진가를 제대로 평가할 수 있다.

홉스가 그의 철학 일반은 물론이고 특히 『리바이어던』에서 보여주고 있는 태도는 엄정한 논리적 분석과 추론을 무기로 삼아 정치적 혼란과 투쟁의 와중에서 정치 논쟁에 직접 개입하지 않으면서 정치적 문제들을 해결할 수 있는 해법을 제시하려는 강한 의도를 보여준다. 그 이론적 특징과 성과가 비록 당시의 현실적 평가를 떠나 어느 한쪽 진영을 옹호하는 색채를 띠고 있다 하더라도, 그의 사유를 지배하고 있던 철학적 목표는 평화를 달성하고 유지할 수 있는 가장 합리적인 방안을 모색하려는 데 있었던 것으로 보인다.

홉스는 그 자신의 노력과 희망에도 불구하고 당시 영국의 정치적 세력들 어느 쪽으로부터도 인정을 받지 못했다. 또한 1630년대 말에 시작한 철학적 탐구, 그리고 초고의 형태로 작성된 최초의 저술에서부터 『시민론』(De Cive)을 거쳐 『리바이어던』에 이르기까지 홉스가 보여준 일련의 행적들은 그가 진정으로 왕권옹호론자인지 아니면 인민주권론자인지를 놓고 적지 않은 이견들을 낳게 하여 사람들을 혼란스럽게 만들기도 했다. 그러나 정치현실의 변화에 따라 홉스의 행적이 보여주는 비일관성에도 불구하고 우리는 홉스의 정치철학적 견해는 이미 시민혁명이 시작되기 전부터 어느 정도 일관된 구체적인 모습을 띠고 있었다는 점 역시 주목하지 않으면 안 된다.

또 홉스는 이미 정치적 권위에 정당성을 부여했던 전통적인 논증 방식들이 더 이상 설득력을 갖기가 어려워졌던 17세기의 시대적 변화를 가장 먼저 간파했던 선구적인 인물이기도 했다. 홉스의 정치철학을 주도했으며, 그의 철학적 사유의 강력한 추진력이기도 했던 '자기 보존'(self-preservation)의 원칙은 16세기부터 팽배하기 시작한 전통적 가치들에 대한 회의에도 불구하고 전보다 더 분명하게 그 진가를 발휘하게 되었고, 더 폭넓은 공감을 얻고 있었다. 홉스는 이런 시대적 배경 속에서 시대의 문제의식을 선취했던 보기 드문 사상가이기도 했다.

이 글을 통해서 필자는 이러한 홉스의 현실 인식과 더불어 그의 진의와 정치적 행로 사이에 노출되고 있는 괴리의 진정한 이유를 그의 국가론이 지니고 있는 논리적 구성과 성격을 체계적으로 규명하는 가운데 더 명확히 드러낼 수 있다고 생각한다. 또한 이를 통해 오늘에 이르기까지 도덕 및 정치 사상사에서 차지하는 비중과 영향의 정도는 물론 홉스 이론이 지닌 생명력을 좀더 설득력 있게 평가할 수 있을 것이다.

홉스의 사고를 지배하는 근본 동인으로서의 평화에 대한 애착은 그가 1629년 투키디데스의 『펠로폰네소스 전쟁사』(History of the Peloponesian War)를 번역, 출간했을 때부터 시작되었다고 볼 수 있다.[2] 그러나 이에 앞서 이미 홉스의 정치철학적 사고의

---

2) Z. Lubienski, "Hobbes' Philosophy and Its Historical Background", in

근간을 이루고 있는 주요 개념들, 이른바 자기 보존, 인간중심의 자연권, 그리고 자연 상태 등과 같은 개념들이 주목받고 있었다. 자연 상태 개념을 선취하고 있는 그로티우스(Hugo Grotius)의 저서 『전쟁과 평화의 법』(*The Laws of War and Peace*)도 1625년에 출판되었다.

이러한 일련의 상황들은 홉스가 일찍부터 전쟁을 포함한 평화 문제에 관심을 가졌다는 것을 암시한다. 전쟁과 평화는 일반적으로 정치학의 중요한 주제일 뿐만 아니라 홉스의 정치철학적 논의에서도 가장 중요한 비중을 차지하는 한 쌍의 개념이다. 더욱이 그로티우스의 저서는 자연법에 대한 관심을 환기시켰고, 또 여전히 전통적인 개념을 그대로 고수하고 있으면서도 또한 자연법에 대한 새로운 근대적 이해의 문을 열어 놓았다. 홉스의 국가론이 그 실천적 목표로 삼고 있는 평화 개념에는 이러한 변화 속에 담겨 있는 시대의 과제에 대한 그 나름의 깊은 통찰이 반영되어 있다. 그리고 다른 한편으로 홉스는 그로티우스가 여전히 고수하고 있는 자연법의 전통적 개념을 파괴하면서, 나아가 이성법이라는 자연법에 대한 자신의 새로운 관점에 입각해서 평화의 문제에 접근한다.

이와 같은 홉스의 사고와 태도가 단호하고 철저하면서도 명료하게 제시되어 있는 저서가 바로 "근대인을 위한 성서"3)라고 불

Thomas Hobbes: Critical Assessments, vol. 1, (ed.) P. King, London and New York: Routledge, 1993, p.2.

3) A. P. Martinich, *Two Gods of Leviathan*, Cambridge University Press,

리기도 하는 『리바이어던』이다. 이런 점에 주목한다면 홉스야말로 "근대성의 창시자"(originator of modernity)[4]라는 칭호를 부여받을 수 있는 충분한 자격을 갖추었다고 할 수도 있다.

『시민론』은 물론 특히 『리바이어던』에서 홉스가 확립한 국가론의 핵심 명제는 곧 이성의 명법으로서의 자연법인 평화에 대한 그의 관심을 그대로 반영하고 있다. 홉스가 이 저서에서 정립한 명제인 "기본적 자연법" 또는 "제 1 자연법"은 소위 "평화의 명법"이라 부를 수 있다. 이 평화의 명법을 홉스는 "자연권"에 대한 정의와 함께 "이성의 계율 또는 이성의 일반법칙"이라는 이름하에 다음과 같이 정식화해 놓고 있다. 이 선언(宣言)적 명제 속에는 평화의 중요성을 넘어서 절박한 심정까지 담겨 있다.

> "모든 사람은 스스로 그것을 획득하려는 희망을 가지는 한, 평화를 얻기 위해 노력해야만 한다. 그리고 그것을 획득할 수 없을 때에는 전쟁의 모든 도움과 이익을 추구하고 사용할 수 있다."[5]

1992, p.45.

4) L. Strauss, *What is Political Philosophy*, New York and London: The Free Press & Macmillan, 1959, p.172.

5) *Leviathan*, ch. 14, p.117. 홉스의 저서 인용은 기본적으로 Thomas Hobbes, *The English Works of Thomas Hobbes 12 Volumes*, (ed.) W. Molesworth의 해당 권수의 쪽수를 따른다. 『리바이어던』의 경우, 인용에 따른 번역은 기본적으로 한승조 역, 『리바이어던』(삼성출판사, 1990)에 따랐으며, 필요한 경우에는 필자가 가필하거나 바로잡았다. 『리바이어던』을 포함한 홉스의 기타 저서 인용 약어와 출처에 대한 자세한 사항은

이 이성의 일반법칙에는 인간은 자연이 허용해 준 시간을 연명하려면 평화를 추구하지 않으면 안 되며, 반대로 평화를 얻을 수 없을 경우에는 전쟁을 포함해서 자신을 지키기 위한 어떠한 짓도 정당한 행위임을 선언하고 있다. 이보다 더 잘 홉스의 국가론을 주도하고 있는 근본 명제로서의 평화의 중요성에 대한 사유를 압축적으로 표현하고 있는 것도 없다.

홉스는 이 명제의 앞 부분을 따로 분리시켜 제1 자연법 내지는 기본적 자연법이라는 이름하에 "평화를 추구하고 그것을 따르라"는 말로 더욱 간명한 표어로 만들어 사용한다. "평화를 획득하기 위해 노력하라"고 명령하는 이성의 일반법칙으로부터 소위 홉스가 『리바이어던』에서 제2 자연법을 포함하여 정식화해 놓은 일련의 자연법들이 도출된다. 심지어 홉스는 "평화에 배치되는 이론은 자연법에 반대되는 평화와 조화와 마찬가지로 진리일 수 없다"[6]고까지 말하고 있다.

이처럼 『리바이어던』은 이성의 일반법칙의 근간이 되는 제1 자연법을 정점으로 해서 이에 도달하기 위한 선행 작업으로 물체론에 토대를 두고 있는 인간론, 특히 정념론으로부터 시작한 다음, 다시 이 정점으로부터 인공물로서의 국가론의 구체적 모습을 그려나가고 있다. 그러나 물체론과 인간론, 물체론과 국가론, 과학사상과 정치사상 사이에 과연 논리적 필연성이 있는지에 대한

<참고문헌>의 '홉스' 항목을 참조할 것.
6) *Leviathan*, ch. 18, p.164.

반론도 만만치 않다. 이러한 반론의 핵심에는 홉스의 기계론(mechanism)과 생기론(vitalism)의 양립불가능성을 꼽을 수 있다. 그러나 홉스의 의도를 중심으로 바라볼 때, 무엇보다도 중요한 것은 포괄적으로 그의 이론이 물체론과 정치사상 간에 논리적 일관성을 충분히 확보하고 있지 못함으로써 결국 부정합적인 토대 위에 세워져 있다 하더라도 그 자신은 그러한 내적 연관을 확보하려고 했다는 점이다.

인간의 본성이 갖는 기계론적이면서도 생물학적 내지는 심리학적 특성 위에 세워진 홉스의 국가론은 인간이 자신의 생명을 보존하고 이 세계에서 그들에게 주어진 자연적 제약들에 한편으로는 순응하면서 다른 한편으로는 극복하면서 새로운 질서를 추구해 나가는 지난한 태도를 담고 있다. 이러한 노력의 정점에 서 있는 것이 바로 그의 평화 사상이다.

홉스가 말하는 평화의 추구란 곧 자신의 생명을 보호하고 보존하기 위한 노력이자 최종목표에 다름 아니었다. 이처럼 평화의 추구를 자신의 실천철학적 목표로 설정한 홉스는 생명의 보호와 평화의 추구를 그 의미에 있어서는 통치권의 확립과 거의 동일시했다. 생명 보호와 평화 달성의 항구적 보장은 죽음에 대한 공포를 물리치고 전쟁 상태를 종식시킬 수 있는 확실한 안전장치를 통해서만 가능하며, 그것은 곧 통치권을 확고히 하는 것이며, 다시 이러한 주권적 권력은 국가를 통해서 그리고 그것도 절대적 권력을 소유한 인격체로서의 국가 혹은 단일한 주권자에 의해서 행사되어야 하는 것으로 보고 있다. 이는 결국 『리바이어던』에서 홉스는 국가의 필연성을 그것이 갖는 평화 기능에서 도출해 내는 형식을 취하고 있다는 것을 의미한다. 한마디로 그에게 국가란 제도화된 평화 그 자체라고 말할 수 있다.

이 글은 『리바이어던』에서 홉스가 자신의 국가론을 통해 구상하고 있는 평화 실현의 시나리오를 다음과 같은 순서에 의해 재구성해 보이고자 한다.

먼저 2장에서는 홉스의 국가론과 평화 구상은 물론 그의 철학 사상 전반을 떠받치고 있는 철학적 토대에 대해서 천착한다. 특히 이 글은 홉스 철학 전체를 이끌어가고 있는 주요 철학적 원리를 '유물론', '유명론', '개인주의와 평등주의'로 상정하고, 이에 기초하여 홉스의 정치철학이 그 궁극 목적으로서 평화의 실현을 겨냥하고 있음을 보이고자 한다.[7]

---

7) 홉스의 철학에서 평화 사상을 아주 중시하고 있는 김용환 교수는 홉스 철학의 기초를 이루는 원리로 '유물론', '개인주의', '유명론', '평화애호주의'(pacificism) 네 가지를 들고 있다. 특히 주목할 만한 것은 통상 '평화주의'라는 뜻을 갖는 'pacifism'과 구별하고 홉스의 정치철학이 지향하는 목표를 지시하기 위해 'pacificism'이라는 용어를 만들어 사용하고 있다는 점이다. 김용환, 『홉스의 사회 · 정치철학』, p.171.

그러나 평화주의든 평화애호주의든 이것이 그의 철학의 기초를 이루고 있는지는 별도의 논의가 필요하다고 생각된다. 홉스에게 평화 개념은 기초적인 원리라기보다는 그의 사고를 지배하고 있는 목표라고 보는 것이 더 적절한 것 같다. 아마 홉스가 이를 자신의 철학의 기초 원리로 삼거나 의식했다면 좀더 체계적이고 직접적인 논의들을 제공했을 법한데 실제로 사정은 그렇지 않다. 때문에 이 글에서 필자는 홉스의 평화 사상을 그의 사고를 지배하는 목표나 목적 의식 내지는 지향점으로 파악하고 이를 토대로 하여 그의 철학을 조망하는 방도를 취하는 것이 그의 평화에 다음 3장에서는 국가론이 직접적으로 의존하고 있는 인간학적 전제들, 특히 심리학적 및 생물학적 전제들의 핵심 원리를 규명한다. 이 장은 특히 인간 본성론과 행위론의 관계 및 상호의존성 문제를 심리학적 이기주의와 연관지어 평가해 봄으로써 홉스의 인간론이 그의 실천철학 전체 및 그 속에서 투영되어 있는 평화 사상과의 연관성 및 그 중요성을 부각시킨다.

그리고 4장에서는 홉스가 자신의 평화 사상의 근본 명제를 제시하고 있는 자연법에 대한 이해를 통해 그의 평화 사상의 이론적 성격을 해명하는 데 집중한다. 홉스의 자연법 개념에 대한 올바른 이해는 그의 자연권 개념에 대한 올바른 이해 없이는 불가능하다. 이런 점들을 살펴보면서 이 장에서는 자연법의 근본 성격을 도덕적 의무라는 관점에서 규명하는 데 초점을 맞춘다.

끝으로 5장에서는 평화의 실현을 확고히 하려는 홉스의 의지가 직접적으로 드러나 있는 그의 국가론의 요체를 통치권의 확립을 중심으로 살펴봄으로써 평화 달성을 위한 홉스의 전략이 갖는 정치철학적 의의를 보여주게 된다.

대한 관심을 훨씬 잘 드러낼 수 있음을 보여주려고 했다.

제 2 장
홉스 사상의 철학적 기초

1. 홉스의 문제의식과 평화 사상

평화 문제는 언제나 전쟁과 연관되어 있다. 국내외의 크고 작은 전쟁들은 평화를 지키기 위해서 혹은 평화를 실현하기 위해서 일어난다. 그러나 이런 싸움들은 단순히 평화를 명분으로 내걸고 있을 뿐, 그 실질에 있어서는 대부분 자신이나 자국의 이익을 위해 벌이는 행위들이다. 그럼에도 불구하고 인류가 한결같이 희구하는 것이 평화라는 것을 부인하기는 어렵다.

인류의 역사는 대부분 전쟁에서 이긴 승자의 역사라고 할 수 있다. 전쟁의 승리자들은 주로 승리를 지키기 위해서 또 다른 전쟁에 대비하곤 했지, 평화를 위해서 전쟁을 한 경우는 드물다. 이러한 전쟁에 대해서는 크게 두 가지 입장이 있을 수 있다.[1] 하나는 인간이 본성상 전쟁에 대한 성향을 가지고 있기 때문에 전쟁은 불가피하다는 이론이며, 다른 하나는 인간이 피할 수 있는 필요악으로 보는 이론이다. 후자, 특히 토마스 아퀴나스(Thomas Aquinas)에 따르면 선의(善意)와 사회교육을 통해 지속적으로 노력하면 전쟁은 완전한 것은 아니지만 평화로 대치될 수 있다고 주장한다.

또한 평화에도 개개인의 평화에 중점을 두는 경우와 국가의 평화에 중점을 두는 경우로 구분할 수 있다. 홉스는 기본적으로 전쟁의 근본적인 원인이란 인간의 결핍적 존재성에 의해 일어나며, 이 결핍을 채우기 위해 인간은 국가를 구성하게 된다는 보는 플라톤(Platon)의 견해에 가깝다.

전쟁과 평화의 문제는 두 차례의 세계대전을 치르면서 인류의 관심을 지배하게 된 가장 중요한 사안이 되었다. 특히 오늘날 평화 문제는 문명 간의 충돌이나 대량 살상 무기의 사용 내지는 오용 등 전보다도 인류를 더욱 심각한 위험으로 몰고 갈 소지가 많아진 상황에서 가장 주목받고 있는 윤리적 주제들 중의 하나이다. 오늘날 평화 문제가 정치윤리의 근본 주제로 취급되고 있는 것도

---

1) 김완수, 「그리스 철학에 있어서의 평화의 문제」, 『평화의 철학』, 서강대학교 철학연구소 엮음, 철학과현실사, 1995, pp.17~18. 이 책에 실린 글들은 역사적으로 주목할 만한 평화 사상들에 대한 훌륭한 내용들을 담고 있다.

이런 변화된 환경과 관계가 깊다. 그러나 역사적으로 보면, 평화에 관심을 기울여온 역사는 결코 짧지 않다. 아마 인류의 역사가 시작된 이래로 평화는 항상 인류가 품어온 소망이었을 것이다. 그럼에도 불구하고 평화 문제에 대한 적극적인 논의는 근대 이후에 이르러서야 비로소 본격적으로 시작되었다고 할 수 있다.

헨리 메인 경(Henry Maine, 1882~1888)의 말처럼 전쟁은 인류의 역사만큼이나 오래되었지만, 평화는 근대의 발명품이라 할 수 있다. 그러나 그 실질적 성과들은 대부분 평화 자체를 목적으로 한 것이 아니라 전쟁이 가져다준 부산물에 지나지 않는 것이었다. 물론 그것이나마 소중한 결실임에는 틀림없다. 그러나 그런 부산물들은 임시방편적인 성격이 강해서 그 이후의 또 다른 전쟁을 예방하기에는 충분한 것이 아니었다. 어쩌면 그것은 전쟁을 예방하거나 억제할 수 있는, 말하자면 평화 달성의 효과적 수단을 강구하지 못한 데서 온 인간의 미숙함이 원인이거나, 아니면 인간의 삶을 근본적으로 제약하고 있는 조건들의 불가피성에서 비롯되는 자연적 현상일 수도 있다.

홉스는 전쟁이 인간사에서 차지하는 이와 같은 의미를 선취했거나 예견할 수 있었던 시대에 살고 있었으며, 동시에 전쟁을 종식시키고 항구적인 평화 달성을 위해서 인간이 할 수 있는 가장 합리적인 방책이 무엇인지를 깊이 성찰하고 구체화한 최초의 근대 사상가라 할 수 있다. 홉스를 사로잡고 있던 가장 절실한 문제는 내란과 혼란을 피할 수 있는 방법에 대한 것이었다. 다시 말해서 홉스는 전쟁이 일어나지 않는 사회, 즉 평화가 실현된 사회를 만들기 위해서는 어떻게 해야 하는가 하는 문제에 사로잡혀 있었다.

홉스는 평화를 전쟁이 임박하지도 실제로 행해지지도 않는 상태라는 부정적인 태도를 취했다. 이러한 현실 인식에서 출발한 홉스의 정치철학적 사유는 평화는 단순히 전쟁이 없는 상태, 또는 전쟁이 일어나지 않는 이상적인 상태라기보다는 전쟁이 일어나지 않도록 할 수 있는 안전장치의 확립을 의미했다. 이를 통해 실현될 평화를 홉스는 인류가 자력으로 지상에 세워야 할 새로운 질서로 보았다.

그로티우스는 홉스에 앞서 그의 저서『전쟁과 평화의 법』에서 전쟁을 바라보는 전통적인 방식에 따라 전쟁에의 권리를 정의를 보존하고 잘못된 것을 바로잡기 위한 것이라고 규정하면서 가톨릭 교회에 의해 발전되어 온 정의로운 전쟁에 대한 교리를 세속화시키려고 했다. 하지만 그의 계승자인 스위스의 법학자 에머 드 바텔(Emer de Vattel, 1714~1767)은 그와 같은 추론은 두 국가가 각기 자신들이 정당하다고 믿고 그들 사이를 조정해 줄 어떠한 상위 권위도 존재하지 않을 때에는 부적합하다고 설득력 있게 주장하였다. 이런 문제의식의 연장선상에서 바텔은 전쟁은 국제 사회 전체에 가능한 가장 적은 피해를 주는 방식으로 그리고 가능한 한 영속적인 평화의 구축으로 종결될 수 있는 방향으로 수행되어야 한다고 하여 정의로운 전쟁이란 목적뿐만이 아니라 수단 또한 정당성을 지녀야 한다는 것을 강조했다.[2]

그러나 홉스는 바텔이 그로티우스에 대해 취했던 태도와는 달리 전쟁의 고유한 특성에 좀더 철저히 주목하여 그로티우스와 공유하고 있는 자연권 개념을 더욱 철저히 고수하면서 목적으로서의 정의로운 전쟁과 그에 따른 수단의 합법적 사용이라는 사고를 전면적으로 해체시켜 버린다.

홉스에게 전쟁은 자연의 질서 속에서는 불가피한 현상으로 인식된다. 인간의 자연적 본성과 조건은 인간을 끊임없는 전쟁으로 몰고 간다. 그러나 홉스에 따르면, 인간은 한편으로는 전쟁을 하면서 다른 한편으로는 평화를 추구하는 본성의 소유자이다. 즉, 자기 보존이라는 인간의 본성에 그 원인이 있는 전쟁은 평화를 갈망하는 인간의 자기 노력에 의해서 종식되어야 한다.

홉스의 평화 사상이 취하는 가장 중요한 특징들 중의 하나는 전쟁에 대한 홉스의 이러한 태도로부터 나온다. 홉스에게 평화는 이 땅에 전쟁을 종식시킬 수 있는 새로운 인위적 질서를 창출하는 행위이다. 그것에는 어떤 선행하는 질서도 정의도 존재하지 않는다. 이런 이유에서 홉스에게 가장 중요한 과제는 새로운 질서로서의 평화를 이룩할 수단을 확립하는 것이다.

홉스에게 전쟁의 목적은 결코 평화가 아니라 승리였다. 그리고 승리는 또 다른 전쟁의 시작을 의미했다. 때문에 이런 순환을 종식시킬 수 있는 수단을 강구함으로써 전쟁 자체를 종식시킬 수 있을 때야 비로소 평화가 실현된다. 홉스는 그러한 평화를 강력한

---

2) 마이클 하워드, 『평화의 발명』, 안두환 옮김, 전통과현대, 2002, pp.39~40.

힘을 지닌 주권자를 창출함으로써 가능하다고 보았다.

홉스에게 주권자는 곧 국가이며, "신에서 유래하는 평화를 수호하는 평화의 옹호자가 아니라 현세적 평화의 창조자"[3]로 묘사된다. 바로 이 때문에 홉스에게 국가의 소멸은 곧 평화의 종결이다. 이러한 홉스의 논리는 국가의 존재와 평화를 동일시하는 결론에 이르게 된다. 홉스는 "시민들의 평화보다 국가의 평화"를, "시민의 보호보다 국가의 보호를" 더 중시하며, 결국 "평화를 법과 질서의 관철과 혼동한 장본인이다"는 평가를 받기도 한다.[4]

홉스는 평화란 강력한 주권적 권력을 행사하는 국가의 창조를 통해서만 가능하다고 보았다. 홉스는 평화를 인간이 합리적으로 소망하는 이성의 명령으로 파악한다. 그리고 이성은 인간이 국가계약에 동의할 것이라고 믿는다. 따라서 인간에게 평화를 선물해 줄 수 있는 이성은 자신이 생각할 수 있는 가장 합리적으로 짜여진 국가를 만들어낸다. 홉스의 양손에는 죽음의 공포와 평화에의 희망이 쥐어져 있다. 그리고 한 손에서 다른 한 손으로의 이행을 가장 확실하게 보장해 줄 수 있는 주체가 국가이다.

무엇보다도 홉스에게 국가는 주권자, 주권적 인격이자 영혼을 가진 기계, 거대한 기계 인간, 가장 기계적인 기계이다. 이처럼 홉스는 국가를 인간이 자연을 본떠 인간 자신과 닮게 만든 기계에

---

3) 칼 슈미트, 『로마 가톨릭주의와 정치형태. 홉스 국가론에서의 리바이아턴』, 김효전 옮김, 교육과학사, 1992, p.297.
4) W. 후버 · H. R. 로이터, 『평화윤리』, 김윤옥 · 손규태 옮김, 대한기독교서회, 1997, p.130.

비유하지만, 그것은 단순한 비유 이상의 것이다. 왜냐하면 홉스가 국가를 기계로 본 것은, 그 내적 연관의 논리적 필연성에 대한 문제들을 일단 무시한다면, 자연과 세계, 그리고 인간을 바라보는 그의 철학적 전제의 자연스러운 귀결이기 때문이다.

2. 유물론

제1 철학에 해당하는 홉스의 형이상학적 유물론은 기본적으로 과학주의(scientism)에 기반하고 있다. 홉스는 당시의 과학적 탐구를 주도하거나 그 성과에 특별히 기여한 바 없지만 적어도 당시의 자연과학이 지향하는 목적과 방법에 대한 전적인 공감, 과학적 원리를 모든 이론적 탐구의 근본으로 삼아야 할 필요성, 이를 실제로 인간의 행동을 포함한 모든 자연현상에 일관되게 적용시켜 나갈 수 있을 만큼의 지식은 공유하고 있었다. 오히려 이런 이유에서 홉스가 자신의 기계론적인 형이상학적 유물론을 과학주의에 기초하여 제대로 확립했는지 여부는 명확하지 않다는 견해도 있으며,5) 이러한 지적은 어느 정도 설득력이 있다. 비록 홉스가 기하학과 역학에 기초하여 그의 운동론을 전개하고 있지만, 이와 관련한 감각적 현상 전반에 걸친 체계적인 설명을 제시했다고 보기

---

5) 이런 견해에 대해서는 Y. C. Zarka, "First philosophy and the founda-tions of knowledge", in *The Cambridge Companion to Hobbes*, (ed.) T. Sorell, Cambridge University Press, 1996.

는 어렵기 때문이다.

홉스의 유물론은 기본적으로 기계론적·원자론적이다. 그리고 그 핵심은 물체론, 그 중에서도 특히 운동론이다. 스콜라철학의 이원론적 형이상학에 반대하여 홉스는 유일한 실재(reality)로 물질만을 인정한다. 홉스에 따르면, 세계는 지속적인 운동 중에 있는 매우 미세한 입자들로 이루어져 있으며, 이 입자들의 운동이 곧 인간의 인식 및 의지 행위를 가능하게 하는 원인이다. 그만큼 홉스의 운동 개념이 그의 철학에서 차지하는 비중은 절대적이다.

이러한 이유에서 몇몇 주석가들은 홉스를 유물론자라 부르는 것은 그의 유물론에 대한 일방적이자 잘못된 해석이라고 지적하기도 하는데, 가령 브란트(Brandt) 같은 이는 홉스의 철학 체계에서 물질(matter) 개념보다 운동 개념이 더 큰 역할을 한다는 데 주목하여 홉스를 유물론자 대신에 운동론자(motionalist)라 부르기도 한다.6) 어쨌든 나중에 다시 다루겠지만 이런 미립자들의 운동 과정은 각 존재에 고유한 생명 운동으로 나타난다. 이 생명 운동에 도움이 되거나 방해가 되는 것들이 자동적으로 우리에게 쾌락이나 고통의 감각으로 작용한다. 이런 감정은 순전히 생명 운동을 돕거나 방해하는 데 따른 표시일 뿐 그것의 목적은 생명 운동 자체이다.

홉스에 의하면, 인간의 모든 활동의 궁극적 목표는 모든 자연적

---

6) F. Brandt, *Thomas Hobbes' Mechanical Conception of Nature*, London: Hachette, 1928, p.379.

경향성의 가장 강렬한 발현인 생명의 유지와 촉진이다. 즉, 홉스에게는 생명 자체는 모든 인류가 의식적이든 무의식적이든 그 완전한 실현으로 나아가는 최고선이다. 그리고 홉스는 이러한 자연적 목적을 실현시킬 수 있는 수단을 인간이라는 이성적 존재가 추구해야 할 인위적 질서로서의 평화의 달성에서 발견한다.

홉스가 『물체론』(De Corpore)에서 전개하고 있는 운동 현상은 전적으로 인과관계라는 기계론적 원리의 지배를 받는다. 이 기계론적 유물론은 천체의 운동은 물론 인간의 행동과 심지어 국가의 작용까지도 만물을 구성하는 물질(분자)의 기계적인 물리적 운동으로 설명한다. 이에 따르면, 일체의 현상은 모두 물체를 근본으로 하고, 이 물체의 운동으로 설명되어야 한다. 다시 말해 홉스는 모든 자연 현상들은 물체의 공간 운동으로 환원될 수 있다고 보았다. 심지어 인간의 정신도 물체의 운동으로 이루어진 것으로 설명하고 있다. 홉스는 그가 최초로 감각적 지각, 특히 '빛과 시각'의 본성에 대한 철학적 문제들에 본격적인 관심을 갖기 시작한 때부터 이런 입장을 취하고 있었다.

홉스의 기계론적 유물론에 따르면, 설명할 수 없는 것들은 그릇된 것이며, 따라서 철학에서 제거되어야 할 것들이다. 홉스는 전통적인 철학이 견지해 왔던 "실체(substance)의 철학"을 제거하고 그 자리를 "물질(matter)의 철학"으로 대체해 버린다.[7] 그러나 홉

---

7) Thomas A. Spragens, *The Politics of Motion: The World of Thomas Hobbes*, Kentucky University Press, 1973, p.83, 107.

스는 정신적 진리 자체를 부정하지는 않았지만, 유물론적 원리에 의해 설명될 수 있는 그런 한에서의 정신의 진리인 것이며, 그 이상 설명이 불가능한 것은 학문 밖의 소관사항으로 중립적인 입장을 견지함으로써 한편으로는 전통적인 철학과 거리를 두려고 했으며, 다른 한편으로는 당시의 아리스토텔레스-스콜라적인 전통철학의 핵심 개념과 범주들을 비판하고 새롭게 정의해 나갔다. 다시 말해 홉스는 신에 근원을 둔 그런 지식이 있을 수 있다는 것을 부인하려고 하지는 않았으나, 그가 염두에 두고 있는 학문으로서의 자격을 갖는 철학의 정의에 비추어볼 때 그러한 신학적 지식은 배제되어야 한다고 주장한다.

홉스는 참된 학문으로 자연철학과 기하학을 꼽고 있으며, 덧붙여 구체적으로 역학, 건축학, 항해술, 천문학, 지리학 등을 들고 있다.[8] 그러면서도 다른 한편으로는 비록 자연의 역사나 정치의 역사는 이성적 추리에 기초한 과학적 지식이 아님에도 불구하고 경험을 통해 철학에 유용한 지식과 정보를 제공해 주는 데 기여하는 바가 있다고 보고 있다.[9] 또한 "아는 것이 힘이다"라고 말한 베이컨의 학문관을 추종하면서 자신 역시 실천적 목적에 봉사하는 학문의 실용성을 강조하고 있는 홉스는 동일한 이유에서 이런 실천적 성과들을 산출하는 힘을 갖는 지식이야말로 지식이 갖는 참된 가치라고 생각한다.

---

8) *De Corpore*, ch. 1, p.7 이하 참조.
9) *De Corpore*, ch. 1, pp.10~11.

홉스는 그가 옥스퍼드에서 교육을 받던 시기에 영국 대학을 지배하고 있었던 스콜라철학에 대해서 아주 강한 반감을 보인다. 홉스가 보기에 당시의 스콜라철학자들은 신뢰할 수 있는 제1원리에 의거한 추론보다는 주로 아리스토텔레스의 권위에 의지해서 자신들의 결론을 옹호하려고 했다. 그들은 자신들이 사용하는 핵심적인 철학적 개념들을 분명하게 정의면서 일관되게 사용하지 않고 있기 때문에 결국에는 무의미한 결론에 도달하고 있다고 비판한다. 이를테면 그들은 "비물질적 실체"와 같은 모순된 표현을 사용하는데, 물질과 실체를 동일시하는 홉스에게 그것은 "둥근 사각형"이라는 말과 다를 바 없다. 홉스는 소위 그들이 범주적 오류를 범한다고 보고 있는 것으로 보인다. 그리고 홉스는 이와 같이 실체라는 말이 초래하는 전통적 형이상학의 오류를 철저하게 제거하고 그 자리를 물질로 대체한다.

스콜라-아리스토텔레스적 전통이 갖는 이상과 같은 문제를 피하면서 철학적 문제들을 해결하기 위해 홉스가 의존하고 있는 것이 바로 과학, 특히 기하학이다. 근대 자연과학은 기계론적 메커니즘을 수학적 내지는 기하학적 법칙과 원리에 기초하여 묘사하는 자연적, 즉 기계론적 인과론을 신봉했다. 이런 태도는 곧바로 아리스토텔레스식의 자연 개념은 물론 그 당연 귀결로서 목적론적 원리의 포기를 낳는다. 동시에 이는 아리스토텔레스의 가능태와 현실태의 구분과 같은 형이상학적 원리들을 포기하고 원인과 결과와 같은 개념들을 자연 현상에 대한 유일한 설명 원리로 간주하게 만들었다. 근대 철학이 문을 열면서 베이컨, 데카르트, 스피노자 등이 자연과학적 설명 원리로서 목적 개념을 몰아내면서 자신들에 고유한 철학 방법론과 체계를 형성해 나가고 있다면, 홉스는 아주 철저하게 그의 철학에서 목적 개념을 비롯한 일체의 목적론적 사고를 제거하려고 했다.

이처럼 근대의 자연과학적 탐구 방법과 기하학적 설명 원리에 토대를 둔 철학적 풍토가 더욱 확고하게 조성되어 가는 과정에서 홉스는 두 가지 이유 때문에 특별히 기하학에 감명을 받는다. 그 하나는 기하학이 보여주는 논증적 확실성을 들 수 있다. 홉스는 비록 자명한 것은 아니더라도 기하학적 추론은 일단 무모순적인 원리와 정의로부터 분명한 논리적 추론 과정을 거쳐서 결론에 도달한다고 보았다. 홉스가 받은 또 하나의 감명은 기하학이 갖는 유용성이다. 홉스는 『리바이어던』에서 기하학을 "모든 자연과학의 어머니"로 묘사하며,10) 육지와 호수를 측정하는 등 그것이 갖는 "무한한 용도"11)를 꼽기도 한다. 『물체론』에서는 이런 용도들 중 몇 가지를 구체적으로 들고 있는데, 부피, 속도, 물체 운반, 수송, 건설 등을 언급한다.12) 심지어 『시민론』에서는 인류가 모든 문명의 이기들을 만들 수 있었던 것도 기하학의 덕택으로 돌리기까지 한다.13) 이처럼 기하학에 보내는 홉스의 찬사는 기하학적 방법을 도덕철학과 정치철학과 같은 새로운 영역에까지 적용하여

---

10) *Leviathan*, ch. 46, p.668.
11) *Leviathan*, ch. 46, p.664.
12) *De Corpore*, ch. 1, pp.7~8.
13) *De Cive*, p. iv.

기하학과 같은 유용한 성과들을 가져올 수 있도록 하고픈 희망의 표현이다.

지식이 갖는 실천적 가치를 특히 강조하는 홉스는 철학 역시 이러한 관점에서 바라본다. 그에게 철학이란 무엇보다도 인과적 추론 및 설명과 관계하는 학문이다. 그가 신에 대한 탐구나 정신적 실재와 관련한 설명을 철학의 영역에서 배제시킬 것을 아주 단호한 어조로 강조하고 있는 것도 그러한 이유에서이다.

> "철학은 우리가 그 원인 또는 발생에 대하여 처음에 가진 지식으로부터 참된 추리에 의해 획득하는 것과 같은 결과 또는 현상에 관한 지식이다. 또한 그것의 결과에 관해 처음에 알고 있던 것으로부터 얻게 되는 것과 같은 원인 또는 발생의 지식이다."[14]

> "철학의 주제 또는 철학이 다루는 문제는 우리가 어떠한 발생을 생각할 수 있는, 그리고 고려에 의해 다른 물체들과 비교할 수 있거나 또는 합성과 분해가 가능한 모든 물체이다. 즉 우리가 그것의 발생 또는 특성에 대해 어떠한 지식을 가질 수 있는 모든 물체이다. … 그러므로 철학은 신학을 배제한다. 여기서 나는 신학을 영원하고, 발생될 수 없으며, 어떠한 발생도 생각될 수 없는 신에 대한 교리라는 뜻으로 말한다."[15]

따라서 홉스는 기본적으로 철학을 물체의 원인과 특성, 즉 운동

---

14) *De Corpore*, ch. 1, p.3.
15) *De Corpore*, ch. 1, p.10.

중에 있는 물체들과 관계시킨다. 그리고 철학은 이를 탐구의 대상으로 삼아서 제1 원리 또는 보편적 원인에 비추어 인과관계들을 종합적이고 체계적으로 아는 것을 목표로 한다.

이런 이해를 기초로 해서 홉스는 이와 함께 철학의 주요 부문을 자연철학과 사회철학(civil philosophy)으로 구분하면서 다시 사회철학에 윤리학과 정치학(혹은 좁은 의미의 시민철학)을 포함시키고 있는데, 윤리학은 인간의 성향, 감정, 특징 등을 다루며, 정치학은 인간의 시민적 의무를 다루는 학문이다. 홉스는 이 정치학을 별도로 시민철학이라는 이름으로 부르기도 한다. 그리고 이러한 학문들 또한 과학적 추리에 기초한 학문이어야 함을 강조하고 있다. 특히 넓은 의미에서 사회철학은 평화를 가능하게 하는 행위의 규칙들을 연역하는 학문이라고 정의하고 있다. 이것들은 모두 다 각 학문이 관장하는 주제들의 원인에 대한 과학적 탐구와 추론에 기초하여 진행된다.

이러한 태도에 의거하여 홉스는 어떤 사물이나 현상이 생기는 자연적 원인들에 대한 무지는 인간을 잘못된 길로 인도하는 근본원인이라고 생각한다. 가령 평화의 원인을 제대로 파악하지 못하는 것도 그러한 무지에 의거함으로써 결국에는 국가의 통치에 따르기보다는 오히려 문제나 결점을 들추는 사람들의 말을 따르게되고 결국 국가의 권위에 도전하게 만들게 된다는 것이다. 즉, 홉스는 사람들이 평화를 위한 가장 합리적인 방법과 수단을 강구하지 못하고 그릇된 방식에 경도되고 마는 것도 모두 그 원인에 대한 과학적 탐구의 결여에서 기인한다고 말하고 있다.

"자연적 원인에 대한 무지는 인간으로 하여금 때때로 불가능한 것을 쉽게 믿게 만드는 경향을 낳는다. 그러한 사람들은 그 반대에 대해서는 아무것도 모르고 불가능한 것을 발견할 수 없기 때문에 그것들이 진실이라고 생각한다. 인간은 친구들이 경청해 주기를 좋아하므로 쉽게 믿는 경향은 그들로 하여금 거짓말을 하게 한다. 그러므로 악의 없는 무지 자체는 인간으로 하여금 거짓말을 믿고 말하게 하며, 때로는 그것을 만들어내도록 한다."16)

"사물의 자연적 원인에 대한 탐구를 거의 또는 전혀 하지 않는 사람은, 그들에게 유익하게 또는 나쁘게 작용하는 힘을 가지는 것이 무엇인가에 관한 무지 자체로부터 생기는 공포에서 여러 가지 종류의 보이지 않는 힘을 상정하게 되었다. 그리고 그들 자신이 상상한 것을 매우 두려워하여 괴로운 시기에는 그들에게 빌었던 것이다. 그와 마찬가지로 기대되던 훌륭한 성공의 시기에는 그것들에게 감사를 보냈으며, 그들 자신이 상상하여 만든 것을 그들의 신으로 삼았던 것이다. 그리하여 다음과 같은 일이 생겨났다. 무수히 다양한 상상으로부터 인간은 이 세상에 무수한 종류의 신을 창조했다. 그리고 이러한 보이지 않는 것에 대한 공포는 모든 사람이 자기의 경우에는 종교라고 부르고, 그들과 다른 힘을 숭배하거나 두려워하는 사람들의 경우에는 미신이라고 부르는 것의 자연적 씨앗일 것이다."17)

홉스는 이런 일이 생기게 되는 모든 문제는 학문의 부족, 즉 원

---

16) *Leviathan*, ch. 11, p.92.
17) *Leviathan*, ch. 11, p.93.

인에 대한 무지에서 비롯된다고 보고 있다. 즉, "원인에 대한 무지는 사람으로 하여금 타인의 충고와 권위에 의존하게 하는"[18) 원천이라는 것이다.

『리바이어던』의 설명에 의하면, 자연철학은 "자연 물질의 현상에 관한 학문"이며, 정치(철)학 또는 사회철학은 "정치공동체의 현상에 관한 학문"이다.[19) 결국 이와 같은 구분에 따르면 홉스에게 사회철학이란 실천적 차원에서 평화를 달성할 수 있는 가능한 방도를 연구하는 학문이라 할 수 있다. 자연법에 관한 연구야말로 도덕철학의 고유한 임무요 과제이며, 자연법은 평화의 추구를 원하고 그 가능한 정치적 수단의 정당성을 가늠하는 원천이라는 홉스의 입장을 감안한다면, 최종적으로 이 모든 실천적 차원에서 이루어지는 인간의 학문적 및 실제적 노력들은 한결같이 평화를 궁극 목적으로 하는 인간의 의지적 활동에 다름 아니다.

홉스에게는 과학적 설명의 대상이 아닌 것은 참과 거짓의 대상이 아니며, 그런 관점에서 볼 때 한갓 미신이나 초월적인 존재와 같은 것들은 이미 그 자체가 이성적 추리의 대상이 아니다. 그리고 추리의 대상이 아니면 홉스에게 그것은 철학의 주제가 아니다. 이 때문에 홉스를 무신론자라고 단정할 수는 없어도 그에게 신의 존재를 대상으로 하는 신학은 불합리한 것으로 간주되는 것은 분명하다. 이러한 홉스의 사고의 바탕에는 실체나 실재를 철저하게

---

18) *Leviathan*, ch. 11, p.90.
19) *Leviathan*, ch. 9, p.72.

물체의 운동 속에 있는 그 무엇으로 설명할 수 있는 것만이 참된 지식이라는 신념이 깔려 있다. 이런 그의 태도는 신까지도 일종의 미묘한 물체라고 생각한 데서 절정에 달한다.

이처럼 종교와 신학, 신앙인과 교회가 전통적으로 소유해 온 지적 권위를 부인하려 한 홉스의 태도는 이미 그가 철학적 탐구를 본격적으로 시작할 때부터 그의 사유를 지배하고 있었던 중요한 경향들 중의 하나이다. 이는 일차적으로 기독교 신학을 포함해서 당시에도 여전히 위력을 지니고 있으면서 신학적 사유를 위한 도구로서 권위를 누려온 아리스토텔레스적 전통의 형이상학을 철학 내지는 과학의 대상에서 제외시키려는 일련의 시도로 구체화된다. 그리고 이러한 비판적 견해들을 뒷받침해 주는 홉스의 이론적 기초가 바로 베이컨과 갈릴레이의 자연과학에 기초를 둔 그의 형이 상학적 유물론이다.

경험론자로서의 홉스가 인간의 모든 사고의 근원으로 보고 있는 감각(sense) 역시도 그 감각을 지각하는 각각의 해당 기관에 물체나 대상들이 압력을 가하는 것에 불과하며, 그때의 압력이란 곧 물체의 운동이 인체에 미치는 반응에 지나지 않는다. 결국 홉스는 기계론적 법칙의 지배를 받는 물질의 운동들의 연쇄와 상호 작용, 연관관계들을 지배하는 것도 모두가 운동의 원리로 환원하여 설명될 수 있다고 보았다. 그러나 홉스는 이러한 자연의 기계론적 법칙을 경험에 의한 귀납적 추리를 통해서 증명할 수 있다고 보지는 않는다. 그것들은 모두가 확률적인 지식들로서 개연성을 넘어서지 못한다는 점을 홉스는 잘 알고 있었기 때문이다.[20]

경험주의자인 홉스는 이 점에 있어서 경험의 한계를 분명하게 의식하고 있다. 홉스가 경험에 기초한 관찰적 지식들에 과학적 내지는 철학적 지위를 부여하지 않는 것은 과거의 사실과 이에 기초한 미래의 일에 대한 예측은 모두가 확률적인 지식들이며, 따라서 그것들은 "보편성과 확실성의 기준을 만족시키지 못하기 때문이다."[21]

홉스는 분명하게 "경험은 어떤 것도 보편적인 결론을 내리지 못한다"[22]고 말하고 있다. 홉스가 실제로 전개하고 있는 운동론이 발견과 논증에 토대를 둔 경험과학적 방법론에 의거하고 있는 것이 아니라 기하학의 방법론을 모델로 하고 있는 것도 경험이 갖는 한계에 대한 홉스의 생각을 잘 나타내 준다. 그러므로 기본적으로 홉스의 과학철학에서는 기하학이 근본학의 자리를 차지한다고 할 수 있다.

관찰에 토대를 둔 개연적 내지는 확률적 추측보다 기하학적 방법의 확실성을 높이 평가하기 때문에, 홉스는 그의 물체론의 기초가 되는 형이상학적 제1원리를 당시 성장일로에 있던 갈릴레이의 자연과학으로부터 차용해서 이에 의거하여 하나의 완벽한 연

---

20) I. Hacking, *The Emergence of Probability*, London: Cambridge University Press, 1975, p.48.

21) Gregory S. Kavka, *Hobbesian Moral and Political Theory*, Princeton, New Jersey: Princeton University Press, 1986, p.7; F. S. McNeilly, *Anatomy of Leviathan*, London: Macmillan, 1968, pp.48~51 참조.

22) *The Elements of Law*, ch. 4, p.16.

역적 철학 체계를 구축하려고 했다. 그것이 바로 운동의 원리이다. 이에 따르면 우주는 운동 중에 있는 물질들로 구성되어 있으며, 모든 관찰 가능한 변화들도 물리적 대상들과 그 부분들이 운동 속에서 겪고 있는 변화들이다. 홉스가 자신의 철학 체계를 '좁은 의미의 물체론'(물리학), '인간론'(윤리학), '시민사회'(정치학)의 순서로 구분하고 이에 대한 하나의 연역적 학문 체계를 구축하려는 열망을 갖게 된 것도 다름 아닌 그 중심에 있는 운동의 원리에 대한 그의 전폭적인 신뢰에서 비롯된 것이라 할 수 있다.

그런데 경험주의자인 홉스가 실제로 그의 유물론적 이론을 확립하면서 보여주고 있는 태도는 합리론자에 가깝다. 한마디로 홉스의 철학적 기획 자체는 지식의 합리적 재구성에 있다고 할 수 있다. 홉스가 그의 물체와 운동에 관한 이론을 수용하고 이를 통해 여타의 지식들을 체계적으로 연역하는 방식은 합리론자들의 전유물이라 할 수 있는 근본 원리로부터 일체의 하위 명제들을 연역해 내는 방식과 거의 차이가 없다.

그러나 다른 한편으로 홉스의 열망에도 불구하고 기하학적 방법을 원용하여 하나의 완벽한 연역적 학문 체계를 구축하려는 그의 시도가 방법론적으로 상당한 오류들을 보여주고 있는 것은 사실이다. 그 중에서 가장 근본적인 오류는 홉스가 논리적 관계와 경험적 관계를 올바로 구분하지 못하고 있다는 점을 들 수 있다. 이를테면 홉스는 사건들간의 인과적 관계를 흄식의 항상적 연접으로 보면서도 인과관계를 원인과 결과의 논리적 필연성으로 정의하기도 한다.[23] 이러한 논리적인 것과 경험적인 것에 대한 홉스의 혼동은 그의 수학관에도 영향을 미치고 있다. 가령 홉스는 기하학이 운동 과학인양 기하학적 도형을 원인과 결과의 관계처럼 다루기도 한다.

홉스의 제1 철학으로서의 형이상학적 유물론의 근본 원리는 이론적으로는 『인간론』과 『국가론』에 선행하는 『물체론』에서 다루어지고 있다. 철학(학문)의 다양한 분야를 구분하고 있는 저서인 『물체론』에서 홉스가 제1 철학에 속하는 보편적 개념으로 들고 있는 다섯 쌍은 공간(장소)과 시간, 물체와 우연성, 원인과 결과, 힘과 작용, 동일성과 차이 등이다.24) 이들 개념에 대한 고찰과 정의를 통해서 홉스는 자신의 유물론적 형이상학, 즉 힘과 운동의 철학을 확립하고 있다.

물체론은 형이상학에 속하는 제1 철학과 물리학의 주제들을 포함한다. 이를테면 시간, 장소, 원인, 힘, 관계, 비례, 양, 도형, 운동 등이다. 그러나 홉스에게 제1 철학과 물리학은 구분되는데, 원리적으로 전자는 후자의 예비적 학문이다. 홉스는 제1 철학의 임무를 "이성적 추리를 통해서 과학에서 사용하는 일반적 및 보편적 개념에 도달하고 이들 개념을 다시 모든 개별 학문들을 위한 원리로서 이용할 수 있도록 정의하는 것"으로 규정한다.25) 따라서 제1 철학에서는 운동이나 양이 주제가 아니라 원인, 관계와

---

23) *De Corpore*, ch. 6, p.77; ch. 9, pp.121~122.

24) 홉스는 이 개념들을 『물체론』의 7장에서 11장에 걸쳐 자세하게 다루고 있다. *De Corpore*, ch. 7~11, pp.91~138.

25) *De Corpore*, ch. 6, p.70.

같은 주제가 주로 다루어진다. 가령 운동이 무엇인지에 대한 설명은 운동의 원인을 묻는 것인데, 이때 그 원인은 이성적 추리에 의거해서 정의된다. 홉스는 이렇게 해서 도출한 보편적 원리들을 기계론적 물리학만이 아니라 도덕적 및 정치적 학문들의 기초로 삼고 있다. 그러나 철학과 과학에 대한 구분에도 불구하고, 홉스는 철학을 기본적으로 "올바른 추론을 통해서 획득된 지식"26)으로 보기 때문에 인식론적 관점에서 본다면 홉스에게 과학과 철학은 결국 동일한 것이라 할 수 있다.

앞서 언급한 학문으로서의 철학의 분류를 홉스는 『리바이어던』의 제9장에서 제시하고 있는 지식의 종류와 관련지어 구분하고 있는데, 이에 따르면 철학이라 불리는 학문에는 자연철학과 정치(철)학 또는 사회철학이 있다. 자연철학은 다시 철학의 근본 원리를 다루는 제1철학(philosophia prima)과 기타 개별과학들을 포함하는 자연과학으로 나뉜다. 이 중에서 전자는 물체와 그 운행 등 자연 물체에 공통된 현상을 다루는 학문으로서 이를 『물체론』의 구분을 고려하면 여기에는 제1철학과 물리학을 엄밀한 구분 없이 하나로 묶어 놓고 있다. 그리고 후자의 자연과학에는 기하학, 수학, 천문학, 지리학, 공학, 건축학, 항해 공학, 건축학, 해양학 등이 포함된다. 이러한 자연과학들은 "확정된 물체의 운동과 성질에 대한 연구"를 수행한다.27)

---

26) *De Corpore*, ch. 1, p.3.
27) *Leviathan*, ch. 9, pp.72~73.

그런데 이러한 구분은 '지식'에 대한 홉스의 철저한 경험론적 입장에 의거하여 이루어진 것들이다. 홉스는 『리바이어던』의 제9장에서 지식을 크게 두 종류로 구분한다. 이에 따르면 하나는 "사실에 관한 지식"으로서 이는 감각과 기억으로 구성되며, 우리가 행하는 사실을 보고 그것을 기억하는 것과 같은 지식을 말하는데 홉스는 이를 "절대적 지식"이라 부른다. 또 다른 하나는 "하나의 확언으로부터 다른 확언으로 연결되는 데 관한 지식"으로서 이것이 바로 홉스가 넓은 의미에서 철학이라는 말과 같은 의미로 사용하는 '학문'인데 이것을 홉스는 "조건적 지식"이라 부른다. 따라서 홉스에게 철학으로서의 학문은 명사 개념의 연결에 관한 지식인데, 이러한 학문의 기록이란 "하나의 주장의 연결에 대한 논증을 내포하는 저술"인 바 홉스는 이것이 보통 '철학적'이라고 불리는 것이라고 봄으로써 학문으로서의 철학에 대한 이해에 있어서 유물론자로서 그리고 경험론자로서의 일관성을 철저히 고수하고 있다.

홉스의 유물론은 외관상으로는 그의 국가론의 핵심 내용과는 다소 거리가 있어 보이지만, 그럼에도 불구하고 이는 그가 다룬 모든 철학적 문제들을 지배하고 있는 형이상학적 근본 원리이다. 홉스에 의하면 인간도 기계적 법칙의 지배를 받는 일종의 물질이다. 인간이 자연을 모방하는 기술을 사용해 기계를 만드는데 그런 기계도 인공적인 생명을 갖는 인공 동물이면서 또한 물질이다. 마찬가지로 인간이 만든 국가 역시 생명을 갖는 인공적인 동물(artificial animal), 특히 인공적인 인간이며, 결국 인공물이다. 그리고 자연적 인간이 인공적 인간을 만들어 평화를 실현하기 위해서는 제일 먼저 자연적 인간에 대한 사실적 이해가 선행되어야 한다. 홉스 자신도 이러한 구상에 의거하여 자신의 철학 체계를 전개하려고 했었다.

평화의 밑그림을 올바로 그리기 위해서는 평화를 추구하지 않을 수 없는 인간을 알아야 한다. 그런 인간도 홉스에게는 자연적 사물과 동일한 원리에 의해서 작동되고 운동하는 존재에 지나지 않는다. 운동하는 물체, 그것이 곧 홉스가 유일하게 인정하는 철학 내지는 학문의 대상이다. 그의 철학을 유물론으로 부르는 가장 근본적인 이유도 바로 여기에 있다.

홉스는 "자연 자체는 과오를 범할 수 없다"[28]고 단언한다. 그리고 그 자연은 기계론적 원리에 의하여 운동하고 있는 물질의 세계이다. 그렇다면 인간 및 인간 사회에서 발생하는 오류와 잘못은 어디에서 기원하는 것인가? 또 평화라는 인간의 인위적인 노력은 자연의 기계적 법칙 속에서 어디에 자리 잡고 있는 것일까?

홉스에 의하면, "삶 자체는 다만 운동에 지나지 않으며, 감각 없이는 존재할 수 없는 것처럼 의욕이나 공포 없이도 존재할 수 없다."[29] 따라서 운동은 모든 존재하는 사물들의 본질적 속성이다. 따라서 존재하는 것은 모두가 물체의 운동으로 환원되어 설명되어야 하며, 이와 같은 설명이 불가능한 개념이나 대상 혹은 존

---

28) *Leviathan*, ch. 4, p.25.
29) *Leviathan*, ch. 6, p.51.

재에 대한 진술들은 전혀 과학적 지식이 아니게 된다. 홉스에게 참된 과학적 지식은 무엇이든 자연현상의 기계론적 인과성에 의해서 설명 가능한 것이 아니면 안 된다. 이러한 홉스의 입장은 곧 실체적 형상이나 최종 원인을 비기계론적 원리들에 기초해서 설명하고자 한 스콜라 및 아리스토텔레스적 전통의 자연철학을 거부한다는 것을 의미한다.[30] 홉스는 이러한 유물론적 사고와 원리를 모든 영역에 일관되게 적용하여 전통적으로 다른 피조물들과의 차이와 차별에 정당성을 부여하는 근거와 원천이 되어 왔던 인간 내면의 정신적 세계의 고유성과 독자성조차도 순전히 망령이거나 상상의 허구에 지나지 않는 것으로 간주한다.

이상에서 살펴본 바와 같이 형이상학적 유물론을 통해 정립된 홉스의 운동이론은 그의 철학에서 크게 다음과 같은 세 가지 측면에서의 특징과 의의를 갖는다고 할 수 있다.[31]

첫째, 아퀴나스를 통해 전승된 아리스토텔레스의 운동이론에 대해 홉스는 대학 교육과정을 통해 비교적 정확한 정보를 얻을 수 있었기 때문에 그만큼 비판적일 수 있었다. 가능태에서 현실태로서의 이동을 운동으로 본 아리스토텔레스에 반대하여 홉스는 운동이 단지 장소의 이동일 뿐이라고 생각했다. 또 목적이 있는

---

30) D. Jesseph, "Hobbes and the method of natural science", in *The Cambridge Companion to Hobbes*, (ed.) T. Sorell, Cambridge University Press, 1996, pp.86~87.

31) 김용환, 「홉스」, 『서양근대철학』, 서양근대철학회 엮음, 창작과비평사, 2001, pp.198~199.

운동을 기계적인 운동으로 대체했고, 움직이지 않는 실체(un-moved mover) 대신에 무제한적이고 무한한 운동을 인정했다. 이 질적 운동과 운동의 위계질서를 인정하지 않고 단지 동질적 운동만을 인정한 것이다.

둘째, 홉스는 운동 개념의 전범을 근본적으로 갈릴레이에게서 찾고 있다. 홉스가 얼마나 갈릴레이를 극찬하고 있는가는『물체론』의 서문에 잘 나타나 있다. "어려움과 싸우면서 운동의 본질에 관한 지식, 즉 자연철학의 문을 우리에게 처음 열어준 사람은 우리 시대의 갈릴레이였다."

셋째, 홉스의 운동철학이 지닌 독창성은 운동론의 도입 자체에 있다기보다는 이 운동 개념을 물리학과 자연철학의 범위를 뛰어넘어 심리학과 도덕철학 그리고 사회철학에까지 확대, 적용하고 있다는 점이다. 마음, 욕망, 혐오감, 사랑과 미움, 자비와 희망 등 심리적인 정념들을 운동의 개념으로 설명했을 뿐 아니라 인간, 사회 그리고 국가까지도 운동 개념으로 설명한다.

3. 유명론

홉스의 유명론(nominalism)은 유물론과 함께 그의 자연철학, 도덕철학 그리고 정치신학 등 그의 철학적 사고의 근간을 이루는 형이상학적 원리로서 그의 철학 체계의 여러 부분들을 관통해서 흐르고 있는 하나의 철학적 관점이다. 홉스는 보편적 본질의 세계를 부인한다. 그의 형이상학적 유물론이 함축하고 있듯이 홉스에게 있어서 존재하는 것은 오직 개별자와 그 이름뿐이다. 이는 곧 그의 유물론과 유명론이 결합해서 나온 자연스러운 주장이다. 이와 마찬가지로 도덕의 영역에서도 모든 사람이 따라야 할 공통의 보편적 기준이란 존재하지 않는다. 실재하는 보편이란 허구이며, 그것은 한낱 이름에 불과한 것들이다. 이러한 그의 유명론적 사고는 다음에 살펴볼 그의 또 하나의 철학적 관점인 개인주의와 자연스럽게 결합되어, 개인이 욕구하는 것은 선이고 싫어하는 것은 악이라는 견해의 토대가 되고 있다. 이처럼 형이상학적 선, 절대선을 부인하고 개인적이고 상대적인 선만을 인정하는 홉스의 윤리적 상대주의는 유명론에 근거를 두고 있다.32)

홉스의 유명론은 단적으로 다음과 같은 그의 진술에 아주 잘 나타나 있다.

> "진실과 허위는 언어의 속성이지 사물의 속성이 아니다. 언어가 없는 곳에는 진리나 허위도 없다."33)

이러한 홉스의 언어관은 그의 기계론적 유물론으로부터의 당연한 귀결이면서 또한 유물론의 인식론적 측면을 반영한다. 다시 말해서 홉스는 진리와 허위 자체가 언어에 의존적인 것이며, 나아가 우리가 진리라고 인식하는 것도 결국 사실과 존재의 문제가 아니

---

32) 김용환, 『홉스의 사회·정치철학』, pp.66~67.
33) *Leviathan*, ch. 4, p.23.

라 명제 혹은 언어 관계들에 대한 논리적 문제로 보고 있다.34) 이는 동시에 사실 인식에 대한 홉스의 태도가 무엇인지를 극명하게 보여주는 지점이기도 하다. 때문에 홉스의 유명론은 특히 그의 인식론의 핵심이라 할 수 있는 감각론(sensationalism)과 함께 고찰해 봄으로써 그 성격을 더 잘 엿볼 수 있다.

홉스의 감각론 역시 그 자체가 기계론적이다. 즉, 유물론의 적용이나 활용이 아니라 감각 자체를 유물론처럼 동일한 차원에서 기계론적으로 설명하고 있다. 즉, 감각에 대한 홉스의 철학적 견해는 그의 유물론이 갖는 또 다른 특징이다. 경험론자로서의 홉스는 그 어떤 경험론자들보다도 경험과 지식의 발생적 기원에 대해 감각이 차지하는 비중을 절대시한다. 심지어 홉스는 사실에 관한 인간의 지식은 본래가 감각이며 그 후에는 기억으로 나타나는 것이기 때문에 "어떤 토론도 과거나 미래의 사실에 대한 절대적 지식으로 끝날 수 없으며," 또 학문이라는 것도 결국 논리적 결과에 대한 지식이기 때문에 "그것은 절대적인 것이 아니라 조건부의 것이다"35)라고 하였다. 홉스는 말하기를,

> "모든 인식의 시초를 이루는 것은 감각이다. 그것은 전체적으로든 부분적으로든 우리의 감각기관을 거치지 않고는 우리 인간의 마음속에 아무런 개념도 생기지 않기 때문이다. 그 밖의 것도 모두 이 근원에서 연유한다."36)

---

34) Cf. *Human Nature*, ch. 5, p.22.
35) *Leviathan*, ch. 7, p.52.

인간의 인식에 대한 홉스의 이러한 생각은 또한 외부 물체의 존재와 운동을 전제한다. 홉스에 의하면, "운동은 다른 운동에 의해서만 일어난다."[37] 그리고 감각은 외부 물체, 즉 운동하는 대상에 의해 인체에서 생긴다. 그 대상은 직접적으로 미각이나 촉각을 통해서, 간접적으로는 시각, 청각, 후각을 통해서 온다. 이처럼 느껴진 압력은 신경 및 그 밖의 감각 계통을 매개로 해서 두뇌의 신경으로 계속 들어와서 어떤 저항이나 반대 압력 또는 심장의 고동을 자극하게 됨으로써 우리는 이런 일련의 작용을 통해서 어떤 물체가 외부에 존재한다는 것을 느끼게 된다는 것이다. 따라서 우리가 지각하는 감각은 외부 운동을 통해 감각기관이 받아들여 형성된 상이 생리적으로 뇌에 전달되어 나타난 현상으로서 그 또한 하나의 운동에서 또 다른 운동으로 나타난 결과이다.

> "어떤 경우에도 감각은 본질에 있어서 우리의 눈, 귀, 감각
> 기관 밖에서 오는 물체의 움직임이나 압력으로 인하여 생긴
> 환상(fancy) 이외에 아무것도 아니다."[38]

> "깨어 있는 인간이 느끼는 감각의 쇠퇴는 감각으로 느끼는
> 운동의 쇠퇴가 아니라 태양의 빛이 별들의 빛을 흐리게 하는
> 것과 같은 운동의 흐름이다."[39]

---

36) *Leviathan*, ch. 1, p.1.
37) *Leviathan*, ch. 1, p.2.
38) *Leviathan*, ch. 1, p.3.
39) *Leviathan*, ch. 2, p.5.

이렇게 형성된 감각과 이로부터 얻어진 상상력(imagination) 또는 기억(memory)이 소위 홉스가 말하는 지식의 기초가 된다. 그리고 기억들이 사고를 통해 일련의 경험과 지식들로 확장된다. 그리고 이런 사고의 결과나 흐름은 사고의 상호연결에 의한 것인데, 이는 말에 의한 토의와 구별되는 정신적 대화(mental discourse)를 의미한다. 이 모든 것들 또한 우리 마음속에서 일어나는 운동의 결과에 지나지 않는다. 따라서 사고는 이미 대상이라 불리는 외계 물체의 현상이 우리의 감각을 통해 표상되고 나타난 것에 다름 아니다. 그리고 그 대상은 우리의 눈과 귀, 그 밖의 신체기관에 작용하여 그 작용의 다양성으로 인하여 다양한 영상이 나타나게 된다. 홉스는 과거 이교도들이 환영이나 환각을 환상과 구별하지 못하고 정령, 목신, 요정, 그리고 마녀, 유령 등의 마력을 실재하는 힘이라 믿고 그리스도교의 신앙에 위배되는 잘못된 기만적 행위들을 저질러 왔음에도 불구하고 스콜라학파 사람들이 이를 올바로 단죄하지 못하고 오히려 이를 조장하기까지 하고 있는 것도 다름 아닌 그들조차도 "상상이나 감각이 무엇인지를 [올바로] 알지 못하기"40) 때문이라고 질책하고 있다.

그런데 홉스에 의하면 우리가 지식을 얻고 이를 증가시키고 축적하는 것을 가능하게 하는 매개가 되는 것이 다름 아닌 이름 내지는 명칭이다. 그러나 이때 실재하는 것은 오직 개개의 특수한 물체뿐이며, 고유명사나 보통명사 혹은 공통 명칭 내지는 보편 개

---

40) *Leviathan*, ch. 2, p.10.

넘이나 추상 개념 등 모든 이름은 다만 명칭에 불과하며, 그것들은 모두 감각에 의해 인식된 것들로부터 얻어진 것들이다. 다시 말해 홉스의 유명한 명제를 빌리면, "경험은 아무것도 보편적으로 결정짓지 못한다."[41] 홉스는 성서의 경우를 거론하면서 스콜라철학을 비롯한 일체의 전통적인 실재론적 언어관을 비판하고 있다.

> "왜냐하면 나는 아담이 꼴(形), 수(數), 척도, 색채, 소리, 상상, 관계라는 모든 명칭을 배웠음을 직접 또는 결과적으로 추측할 수 있는 근거를 성서 속에서 무엇 하나 발견하지 못했기 때문이다. 하물며 일반적인, 특수한, 긍정적인, 부정적인, 의문적인, 희망적인, 무한정적인 등과 같은 유용한 말이나 언어의 명칭에 관해서 그러했고, 특히 실체, 지향성, 본질 등 스콜라학파의 다른 무의미한 말에 관해서도 그러했다."[42]

홉스에게 언어는 인간이 자신의 생각을 기억하거나 회상하는 것을 용이하게 해주는 수단이다. 인간은 그것을 위해 표시나 기호를 이용하는데, 그것이 바로 홉스가 말하는 언어로서의 이름이다. 따라서 홉스는 언어가 갖는 보편성을 그 이름이 지시하는 대상의 실재성이 아니라 단순히 그 대상들이 지니는 속성에 대해서 갖다붙인 기호로 파악한다. 이런 홉스의 생각은 당연히 보편적 이름이란 것도, 개별적 사물들이 존재한다고 해서 이와 함께 보편적 사물들이 존재한다고 말할 수 없는 것처럼, 어떤 보편 개념을 나타

---

41) *Human Nature*, ch. 4, p.18.
42) *Leviathan*, ch. 4, p.19.

내는 것이 아니다. 홉스는 '보편적'이라는 말을 이렇게 설명하고 있다.

> "보편적이라는 이 낱말은 자연에 존재하는 어떤 사물의 이름이거나 또는 마음속에 형성된 어떤 관념이나 환상의 이름이 결코 아니다. 그것은 항상 어떤 낱말 또는 이름의 이름이다. 따라서 생물, 돌, 정신, 또는 어떤 다른 사물이 보편적이라 할 때 어떤 사람, 돌 등이 보편적이었다거나 보편적일 수 있다고 이해되어서는 안 되며, 단지 생물, 돌 등의 낱말들이 보편적 이름들, 즉 많은 사물들에 공통된 이름이라고 이해되어야 한다. 그것에 부합하는 우리 마음속의 개념들은 여러 생물들 또는 다른 사물들의 심상과 환상이다."[43]

이처럼 일차적 지위를 부여받는 감각과 언어가 갖는 도구적 성격은 홉스의 유명론을 그대로 특징짓는다. 홉스는 말하기를 "우리가 생각하는 것은 무엇이든 전체적 또는 부분적으로 감각에 의하여 먼저 인식된 것이기에 감각에 의하지 않고 어떤 사물을 표현하는 생각을 형성할 수가 없다."[44] 그리고 이런 감각의 운동에 의해서 사고가 이루어지고 이 사고 능력은 특히 언어의 도움을 받아 고도로 증가할 수 있는데, 홉스는 이것이야말로 "인간이 다른 모든 생물과 구별되는 점"[45]이라고 본다. 이처럼 어떤 생각을

---

43) *De Corpore*, ch. 2, p.20.
44) *Leviathan*, ch. 3, p.17.
45) *Leviathan*, ch. 3, p.16.

통해 그 결과나 효과를 탐구하는 능력과 더불어 홉스는 인간이 다른 동물보다 뛰어난 또 하나의 능력을 "그가 발견한 결론들을 정리하여 일반법칙을 만들어낼 수 있는 점"46)에 있다고 본다. 더욱이 감각에 의해서만 비로소 어떤 사물을 표현하는 생각을 형성할 수 있기 때문에, 다음과 같은 설명은 홉스로서는 지극히 당연한 것이다.

"우리가 상상하는 것은 무엇이나 다 유한한 것이다. 그러므로 우리에게는 무한하다고 하는 것에 대한 관념이나 개념은 존재하지 않는다. 어떤 사람도 무한히 큰 것, 빠른 것, 무한의 시간, 무한의 힘에 대한 연상을 가질 수 없다. 따라서 우리가 무한하다고 할 때 우리는 그 종말이나 한계를 볼 수 없다는 것을 의미하며, 그 현상에 대한 이해가 없다는 우리 자신의 무능력을 표시하는 데 지나지 않는다. 그러므로 신의 이름을 부르기는 하지만 이것은 신을 이해하기 위해서가 아니라 그를 찬송하기 위해서이다. 왜냐하면 신은 불가사의한 것이고 그의 힘과 위대성은 상상할 수 없는 것이기 때문이다."47)

신이라는 이름에 대해서 취하고 있는 입장 속에 함축되어 있는 홉스의 언어관은 그가 언어란 "이름이나 명칭 또는 이들의 결합"48)으로 이루어진 것이라고 본 점에 단적으로 나타나 있다. 따라서 홉스는 "정의는 사물의 본질이다"49)라고 하는 전통적인, 특

---

46) *Leviathan*, ch. 5, p.33.
47) *Leviathan*, ch. 3, p.17.
48) *Leviathan*, ch. 4, p.18.

히 아리스토텔레스적인 견해를 정면으로 반박한다. 홉스에 의하면 "정의는 어떤 사물의 본질이 아니라, 우리가 그것에 관하여 본질을 생각하는 것을 의미하는 하나의 이야기이다."[50] 그리고 "한 사물의 본질이란, 합리성이 인간의 본질이며, 힘이 흰 사물들의 본질이며, 연장이 물체의 본질인 것처럼, 그것 때문에 우리가 어떤 물체에 하나의 일정한 이름을 부여하는 우연적 성질이거나 또는 그 주체를 명명하는 우연적 성질이다."[51]

하지만 홉스가 말하는 '언어의 발명'은 인간에게는 불가피한 사건이지만 그에 따른 효용과 악용은 곧 인간이 지니고 있는 문제점들이 무엇인지를 간명하게 보여주고 있다고 할 수 있다. 홉스에게 언어는 "현명한 인간의 계산"[52]이며 또 계산을 위한 도구이다. 따라서 계산을 잘 하느냐 또 어떻게 계산하느냐에 의해서 인간에게 그것은 투쟁을 혹은 평화를 가져다줄 수도 있는 양날을 지닌 칼과 같은 것이다. 즉, 홉스는 이상과 같은 설명을 통해서 언어의 사용과 함께 이미 평화 실현의 올바른 방법을 예시하고 있다. 이런 점들은 홉스가 성문화된 법치국가의 필요성과 그럼에도 그 자체에 내포되어 있는 한계를 극복하기 위해 성문법의 상위 권력으로서 주권자를 옹호하는 단계에서 구체화된다고 할 수 있다.

홉스는 『리바이어던』의 제 1 부 제 4 장에서 언어의 기원을 다

---

49) *De Corpore*, ch. 5, p.60.
50) *De Corpore*, ch. 5, p.60.
51) *De Corpore*, ch. 8, p.117.
52) *Leviathan*, ch. 4, p.25.

루면서 인쇄술의 발명은 교묘한 것이긴 하지만 문자의 발명과 비교해 보면 위대한 사건은 아니라고 잘라 말하고 있다. 홉스에 의하면, 문자는 인류로 하여금 지난날의 기억을 계속 유지해 주고, 지구상에 무수히 많은 그리고 널리 먼 지역에까지 산재해 있는 인류를 연결시켜 주기 위한 유익한 발명품이다. 거기에는, 혀, 입천장, 입술 및 다른 발성기관의 여러 가지 동작을 주의 깊게 관찰하는 데서 유래하는 모든 어려움이 있었을 것이며, 때문에 그러한 동작을 기억하기 위해서 다른 많은 문자들이 만들어졌다.

따라서 다른 모든 것 가운데 가장 귀중하고 유익한 발명으로 홉스는 이름이나 명칭 또는 이들의 결합으로 이루어지는 언어의 발명을 꼽고 있다. 홉스는 다음과 같이 말한다.

> "언어의 발명으로 인간은 그들의 사고를 기록하고, 과거의 사고일 때는 이를 회상하고, 또는 상호간의 이익과 교제를 위해서 서로서로 사고를 전했다. 언어가 없었다면 인간 사이에는 국가, 사회, 계약, 평화도 없었을 것이며 사자나 곰이나 이리의 세계와 다를 바 없었을 것이다."[53]

홉스는 이와 같은 성격을 갖는 언어의 일반적 효용은 "우리의 심적인 논의[또는 정신적 대화]를 구두의 논의로 또 우리의 사고의 흐름을 언어의 연결로 옮기는 데 있다"[54]고 한다. 그리고 이

---

53) *Leviathan*, ch. 4, p.18.
54) *Leviathan*, ch. 4, p.19.

러한 언어의 효용으로 인해 실제로 얻게 되는 편리한 점으로 홉스는 두 가지를 들고 있는데, "사고의 결과를 기록하는 것"으로서 특히 "기억의 부호나 기호"로 사용되는데, 이는 언어가 갖는 첫 번째 효용이며, 또 하나는 "어떤 문제에 대해서 상상하고 생각하고 그들이 바라고 두려워하거나 좋아하는 바를 서로서로 알리는 것이다."[55]

또한 언어가 갖는 특수한 효용 네 가지 및 이에 상응해서 언어가 악용되고 있는 실례 네 가지를 각각 제시하고 있는데, 이는 스콜라철학을 비롯해 전통적인 언어관에 대한 그의 태도를 잘 엿볼 수 있게 해준다. 우선 그가 들고 있는 언어의 특수한 효용 네 가지를 그대로 인용하면 다음과 같다.

"언어의 특수한 효용은 다음과 같다. 첫째, 숙고에 의해 현재 또는 과거의 어떤 사물의 원인이라고 우리가 발견한 것과 현재 또는 과거의 사물이 만들거나 초래할 것이라고 우리가 생각한 것을 기록하는 것인데, 요컨대 그것은 학문의 획득을 가져오는 것이다. 둘째, 우리가 획득한 지식을 타인에게 보여주는 것으로 이것은 서로서로 의논하고 가르치는 것이다. 셋째, 우리가 서로서로 상호간의 도움을 얻을 수 있도록 우리의 의지나 목적을 타인에게 알리는 것이다. 넷째, 순진하게 즐거움과 운치를 위해 우리의 언어를 가지고서 우리 자신과 타인을 기쁘게 하고 즐겁게 하는 일이다."[56]

---

55) *Leviathan*, ch. 4, pp.19~20.
56) *Leviathan*, ch. 4, p.20.

그리고 언어의 특수한 효용에 상응하는 네 가지 악용 사례 또한 그대로 인용하면 다음과 같다.

> "첫째, 언어의 의미가 변하기 쉬운 탓으로 해서 인간이 그들의 생각을 잘못 기록했을 때인데, 그로 해서 자신은 그들이 결코 상상하지 않았던 생각을 기록하고 따라서 그들 자신을 기만하는 것이다. 둘째, 인간이 언어를 비유적으로 사용하는 경우인데, 정해진 언어 외의 의미로 사용되어 타인을 기만하게 된다. 셋째, 인간이 스스로의 의지가 아닌 것을 언어로 그들의 의지라고 표명하는 경우이다. 넷째, 인간이 서로를 괴롭히기 위해서 언어를 사용하는 경우이다. 자연이 살아 있는 피조물을 어떤 것은 이빨로써 어떤 것은 뿔로써 또 어떤 것은 손으로써 무장시켜 적대자를 괴롭히는 것을 볼 때, 우리가 다스리도록 된 인간이 아닌 한 혀로써 그들 괴롭히는 것은 언어의 악용에 지나지 않기 때문이다."[57]

언어가 인간에게 가져다준 효용과 악용들 중에 특히 중요한 점은 인간이 자신들의 사고를 기록하고, 과거의 사고를 회상하고 상호간의 이익과 교제를 가능하게 만들어주었지만, 동시에 이는 인간들 상호간의 반목과 질시, 기만과 다툼을 야기하는 원인도 된다는 것이다.

특히 홉스에 의하면 학문의 목표는 진리의 추구에 있는데, 정확한 진리를 추구하는 일은 사용되는 모든 명사가 의미하는 바를

---

57) *Leviathan*, ch. 4, p.20.

기억하여 그에 따라 명칭을 올바로 배치하는 데 있다.58) 그리고 "언어의 의미를 결정하는 것"을 정의(definition)라 부르는데,59) 이러한 생각으로부터 진정한 학문과 잘못된 교의를 구분한다.

홉스의 의하면, "언어의 최초의 효용은 명칭의 올바른 정의에 내재하며, 이는 학문의 습득이다. 그리고 잘못된 정의가 있는 데에 최초의 언어의 악용이 내재하며, 여기로부터 모든 거짓되고 어리석은 교의(敎義)가 유래한다."60) 따라서 철학적 진리란 이러한 명사들을 올바르고 적절하게 사용해서 얻어진 것들에만 한정되어야 한다는 것이 홉스의 주장이다.61) 더욱이 그는 "언어의 발명에서 기인하는" "인간의 능력은 대부분 후천적으로 연구와 근면에 의해서 취득 증가하며 대개의 경우 교육과 훈련에 의하여 습득된다"62)고 하여 언어에 대한 잘못된 이해로 인해, 특히 스콜라-아리스토텔레스적 철학 전통이 초래한 심각한 오류를 노골적으로 비난하고 있다.

심지어 홉스는 이해(understanding) 또한 인간에게 특유한 것인데, 이런 이해조차도 "우리가 어떤 말을 듣고, 그 말의 단어와 그 결합을 의미하기 위해서 정해지고 구성된 여러 가지의 생각을 가질 경우, 그가 그것을 이해했다"고 하듯이 "언어에 의해 만들어진

---

58) *Leviathan*, ch. 4, p.23.
59) *Leviathan*, ch. 4, p.24.
60) *Leviathan*, ch. 4, p.24.
61) *The Elements of Law*, ch. 5, p.21.
62) *Leviathan*, ch. 3, p.16.

개념"에 불과한 것으로 본다.63) 이처럼 언어를 통해 사고와 이해 그리고 추리를 하는 능력은 이를 얼마나 올바로 사용하느냐에 따라 인간이 어떤 분쟁에 처했을 때 이를 현명하게 잘 타결할 수 있는지를 결정짓는다는 점에서 아주 중요하다. 특히 언어는 인간이 이 세계에 대하여 얻은 경험과 인식을 다른 사람들과 공유할 수 있게 해주며 또 이런 점에서 타인에게 영향을 미친다.64)

홉스에 따르면, 이상과 같이 언어가 인간들 상호관계와 활동에서 차지하는 비중이 막대하듯이 인간이 평화를 갈망하고 추구한다는 것은 얼마나 현명한 판단을 할 수 있느냐에 달려 있으며, 그것은 또한 언어의 오용과 악용으로부터 벗어나서 올바른 추리를 할 수 있느냐에 좌우된다. 정욕에 지배당하고 올바른 이성의 요구를 거역하는 짓은 인간에게 결코 평화를 가져다줄 수 없다.

"인간 정신의 빛은 총명한 말에서 나오며, 처음 정확한 개념 정의로써 감지되고 애매성으로부터 벗어날 수 있다. 추리는 그 발걸음이고 학문의 증진은 그 도정이며, 인류의 이익은 그 목표이다. 반대로 비유나 의미 없는 애매한 언어는 도깨비불과 같은 것으로 그에 의해서 추리하는 것은 헤아릴 수 없는 부조리 속을 방황하는 것이며, 결과적으로 논쟁과 소요와 멸시밖에 남지 않는다."65)

---

63) *Leviathan*, ch. 4, p.28.
64) Cf. *Human Nature*, ch. 13, p.75.
65) *Leviathan*, ch. 5, pp.36~37.

언어에 대한 홉스의 이러한 태도는 그가 말하고 있듯이 "기만적인 철학자들이나 사기적인 스콜라철학자들로부터 차용해 온 부조리한 어구"[66]의 실체를 지적하고 새로운 유물론 철학이 표방하는 정신과 나아갈 방향을 분명히 보여주고 있다. 이러한 홉스의 언어관은 그의 실천철학 전반에 걸쳐 일관되게 적용된다. 홉스는 소위 그가 국가 자체를 인공적 물체나 인공적 인격체로 간주하듯이 정치 질서를 구성하는 핵심 개념들인 권력, 권위, 법, 나아가 정치적 제도 일반도 언어적 속성을 담고 있으며 이로부터 생겨난 정치적 언어들의 일종에 지나지 않는 것으로 보고 있다.

4. 개인주의와 평등주의

오늘날의 현대인처럼 인간을 하나의 독립적인 개체로 간주하는 사고가 지극히 자연스럽고 당연한 것으로 생각하게 만든 장본인을 들라면 홉스를 꼽는 데 주저할 필요가 없다. 데카르트의 자아가 보편성을 갖는 인식적 자아라면, 홉스의 자아는 모든 점에서 독립적인 원자적 개체로서 운동하는 자아이다. 이러한 개체중심적 사고에서 성립하는 개인주의는 이전의 철학적 전통과 비교할 때 홉스의 철학, 특히 그의 정치철학을 특징짓는 혁명적 요소라 할 수 있다.

---

66) *Leviathan*, ch. 3, p.17.

홉스에게 우주 대자연을 구성하는 궁극적인 요소가 원자라면, 인간 사회의 경우에 그것은 원자적 개인이다. 홉스가 그의 실천철학에서 표방하고 있는 평등주의의 원천도 그의 원자적 개인주의에 있다. 홉스가 인공적 물체인 국가라는 건물을 세우는 데 기초가 된 밑그림도 역시 개인주의였다. 그러나 개인은 운동의 주체이면서 또한 대상이다. 이와 같은 운동 중에 있는 한 개인으로서의 인간의 특징은, 인간이 처해 있는 외적 조건과 함께, 이미 인간 상호간의 충돌과 갈등의 원천이다. 어쩌면 인간의 생물학적 조건이 그렇다면 이 문제를 해결할 수 있는 가능성은 이미 존재하지 않을는지도 모른다. 그럼에도 불구하고 홉스는 그의 원자적 개인을 한순간도 포기하지 않는다. 그리고 이런 개인들 간의 갈등의 또 다른 원천은 인간은 평등하다는 그의 사고에 있다.

홉스는 인간을 하나의 개체로 그리고 한 개인의 생존과 이익을 그 무엇에도 우선하는 최고의 가치로 간주했다는 점에서 철저한 개인주의자였다. 그리고 이런 홉스의 개인주의는 전통적 인간관의 굴레로부터 벗어난 현대적 인간관을 명료한 언어로 가장 잘 표현하고 있다는 점에서 아마 최초의 근대인이라 부르는 데 손색이 없을 것이다. 이런 이유로 홉스의 철학을 데카르트에 선행하는 근대철학의 출발점으로 보는 이들도 적지 않다. 그러나 더욱 중요한 것은 이러한 홉스의 개인주의는 인간 개개인에 대해 더욱 전향적인 태도에 의존하고 있는데, 그것이 바로 홉스가 그 이전의 철학적 전통과 시대적 배경에도 불구하고 그의 철학을 이전과는 다른 색깔을 띠게 해준 그의 평등주의 사상이다.

물론 그의 평등주의는 하나의 실천적 이념으로서의 평등이나 실천적 의의를 갖는 정치적 평등과는 거리가 있다. 하지만 "사람이 평등하다는 홉스의 진술은 마치 '세계인권선언'의 첫머리에서처럼 단순히 선언적 의미만을 담고 있는 것은 아니다. 언어, 종교, 피부 색깔, 빈부의 차이 등을 뛰어넘어 인간이 본질적으로 평등하다는 생각은 홉스에게는 아직 무리가 따르는 요구이다. 오히려 그는 개인마다 말솜씨나 추리 능력이나 학문의 정도가 각각 다르고 또 신체적으로도 많은 차이가 있음을 인정하고 있다. 그럼에도 불구하고 자연이 사람을 평등하게 만들었다는 그의 진술은 정신적인 능력에서의 평등, 즉 욕구의 평등을 강하게 함축하고 있다. 그리고 이 욕구의 평등은 사람은 누구나 유사한 양태의 정념들을 소유하고 있다는 사실에 기초하고 있다."[67] 이런 점에서 홉스의 평등주의는 상당히 사실적 성격을 갖는다. 즉, 그는 유물론적 및 생물학적 견지에서 인간이 평등한 존재로 태어났다는 것을 주장하고 있는 것이다. 더욱이 홉스는 이런 자연적 평등관을 그가 국가 권력의 필요성과 정당성을 연역하는 방법론적 장치로서의 계약이론에서 계약 주체들의 지위에 그대로 적용한다. 사회계약론을 비롯해서 그의 철학에서 깊이 스며 있는 이러한 태도는 홉스를 개인의 평등이라는 근대의 정치적 이념을 선도한 일군의 주창자 속에 자리매김하는 근거가 되고 있다.

홉스의 철학을 당대에 가장 혁명적인 이론으로 만든 것도 다름

---

67) 김용환, 『홉스의 사회·정치철학』, p.149.

아닌 개인주의에 기초를 둔 평등주의였다. 홉스의 개인주의는 기본적으로 자기중심적 평등주의를 지향한다. 그리고 이는 홉스의 평화 사상의 전모를 근거짓는 중요한 기초가 된다. 그러나 실제로 홉스의 개인주의는 앞서 살펴본 유명론과 긴밀하게 연계된 개념이다. 따라서 우리는 홉스의 개인주의를 반드시 그의 유명론과 함께 이해하지 않으면 안 된다. 앞서 살펴본 홉스의 유명론적 관점이 함축하고 있는 바와 같이 하나의 개체로서 그리고 평등한 존재로서 만들어진 인간은 그들 상호간에 발생하는 문제, 즉, 홉스가 자연 상태에서 가정하게 되는 만인의 만인에 대한 투쟁 상태로부터 시민사회 즉 사회정치적 문제들을 해결함으로써 평화로운 상태를 유지하려는 사회 상태로의 이행은 논리적 관점에서 볼 때 기본적으로 그의 유물론과 유명론의 결합에 의존하고 있다고 보아야 하기 때문에 그의 개인주의도 이런 점들을 반드시 함께 고려하지 않으면 안 된다.

홉스에 의하면, 인간은 누구나 나면서부터 평등한 존재이다. 특히 홉스가 말하는 평등은 욕망을 달성하는 데 있어서의 인간의 육체적·정신적 능력의 평등을 뜻한다. 홉스는 어떤 경우에도 인간은 하나의 개인으로서 타인과 동등한 존재로 평가되어야 한다고 말한다. 홉스는 "모든 사람은 다른 사람이 날 때부터 그와 동등한 것으로 인정해야 한다"[68]는 제 9 자연법을 정식화하면서 다음과 같이 추론한다.

---

68) *Leviathan*, ch. 15, p.141.

"만일 자연이 인간을 평등하게 만들었다면, 그 평등은 인정되어야 한다. 또는 만일 자연이 인간을 불평등하게 만들었다면, 스스로 평등하다고 생각하는 사람들은 평등한 조건에서가 아니면 평화의 상태로 들어가려고 하지 않을 것이기 때문에, 그러한 평등은 인정되어야 한다."[69]

여기서 홉스는 개인, 평등, 평화를 동일선상에서 연관짓고 있는 것을 볼 수 있다. 그런데 또한 홉스가 그려내고 있는 개인은 기본적으로 자기중심적이다. 그러나 그것은 한편으로는 자기파멸적인 결과를 가져올 수 있는 인간의 특성이기도 하지만, 다른 한편으로 인간은 그 때문에 타인과의 절대적 평등을 주창할 자연적 권리를 갖는다. 심지어 홉스는 주저하지 않고 "누가 더 좋은 사람인가 하는 문제는 단순한 자연의 상태에서는 존재하지 않는다. 그 경우에는 모든 사람은 평등하다"[70]고까지 말하고 있다. 홉스는 이런 자신의 주장의 타당성을 아리스토텔레스의 견해를 비판하면서 옹호하고 있다. 즉,

"나는 아리스토텔레스가 그의 『정치학』 제1권에서 그 학설의 기초로, 인간은 나면서부터 일부 사람은 지배하는 데 적합하고, 즉 더 현명한 부류를 의미하고 (그의 철학 때문에 그자신이 그렇다고 생각한 것과 같이), 다른 사람들은 봉사하는 데 적합하다고 (강력한 신체를 가지고 있으나 그와 같은 철학

69) *Leviathan*, ch. 15, p.141.
70) *Leviathan*, ch. 15, p.140.

자가 아닌 사람들을 의미한다) 한 것을 알고 있다. 이것은 주인과 하인이 인간의 동의에 의해서가 아니라 지력의 차이에서 생긴 듯이 생각하는 것이다. 이것은 이성에 대해서뿐만 아니라 경험에도 반하는 것이다. 타인에 의해서 지배되느니 차라리 스스로 지배하겠다고 생각하지 않을 만큼 어리석은 사람은 거의 없기 때문이다. 현명하다고 자부하는 사람이 그들 자신의 지혜를 신뢰하지 않는 사람들과 힘으로 싸울 때, 그들이 항상 또는 대부분 승리를 얻는 것은 아니다. 그러므로 만일 자연이 인간을 평등하게 만들었다면, 그 평등은 인정되어야 한다."71)

또한 같은 선상에서 홉스에게 개인의 평등과 평화의 실현은 상호 맞물려 있다. 말하자면 각 개인의 독립성과 상호평등이 전제되지 않는다면 평화란 진정한 의미에서의 평화가 아니라 그것은 종속이나 복종 내지는 강제적 억압의 상태인 것이며, 역으로 진정한 평화가 지속적으로 유지될 수 있으려면 그것은 평화를 향유하는 주체들 간의 독립과 평등을 기초로 한 합리적 선택의 산물이어야 하기 때문이다. 홉스의 평화 사상의 뼈대라 할 수 있는 그의 자연법 이론 역시 그 근간은 평등과 평화이다. 제10 자연법 역시 이러한 점을 잘 보여주고 있는 경우들 중의 하나이다.

"평화의 상태로 들어갈 때 어떤 인간도 그 이외의 모든 사람들에게, 만일 유보되면 자신이 만족하지 않을 어떤 권리를 유보할 것을 요구하지 못한다."72)

---

71) *Leviathan*, ch. 15, pp.140~141.

72) *Leviathan*, ch. 15, p.141.

다른 한편으로 홉스의 개인주의적 평등주의는 동시에 공리주의적 성격을 띠고 있다. 물론 홉스가 전형적인 공리주의자인 것은 아니다. 다만 홉스가 추구하는 평화의 실현이 개인의 행복을 위해서는 전체의 질서가 중요하고 다시 이를 위해서는 개인의 희생이란 불가피한 것이기 때문에 이를 정당한 것으로 인정하고 있는 점을 미루어 볼 때, 그가 공리주의의 정신에 원론적으로 부합하는 태도를 후대의 공리주의의 기본 정신보다 더 앞서 분명히 견지하고 있기 때문이다. 그럼에도 전형적인 공리주의자들과 비교할 때, 전체를 위한 개인의 희생이 불가피한 것일지라도 그것이 전적으로 개인의 자발적 선택에 의해서 이루어진다고 본 점에서 홉스는 공리주의를 넘어선다. 이처럼 홉스는 한편으로는 공리주의자들처럼 행복의 주체를 개인으로, 그것도 평등한 권리의 소유자로 간주하면서 다른 한편으로는 어떠한 경우에도 개인의 생존이란 그 무엇에도 선행하는 절대적 가치를 갖는다고 본다. 이런 점들은 그가 공리주의자들과는 달리 아주 철저한 개인주의자라는 것을 반증해 준다.

홉스의 개인주의가 갖는 철학적 의의가 철학사, 특히 윤리학사에서 소홀하게 다루어지게 된 것은 영국과 대륙에서의 철학적 발전과 무관하지 않다. 17, 18세기의 유럽 철학사에서 칸트의 등장은 홉스를 과소평가하는 직접적인 계기로 작용했다. 근대의 철학을 경험론과 합리론의 대결의 역사로 파악하면서 사실과 당위를 엄격하게 구분지으면서 등장한 칸트는 당시의 윤리학적 담론들이 윤리학을 부당하게 인류학 혹은 심리학과 혼동하고 있다고 비판

했다. 이와 함께 당시에 칸트와 그 후계자들은 기독교를 진지하게 받아들였던 지적 풍토를 공유하고 있었다. 반면 이런 분위기 속에서 사실과 당위의 문제를 엄격하게 구분하지 않았으며, 윤리학에서 종교적 색채를 전적으로 배제시키는 등 칸트적 태도와 반대되는 사고를 진척시켰던 홉스의 철학을 단순히 경험론적 전통의 한 요소로 간주해 버렸다.

또한 영국에서도 벤담이 주도한 공리주의자들에 의해서 홉스는 무시되거나 단편적으로만 언급되고 있었다. 그러나 벤담의 추종자인 제임스 밀(James Mill)은 홉스 철학의 일부가 그들 자신의 철학을 예견하고 있는 것으로 생각하기 시작했다. 홉스에 대한 최초의 진지한 연구들이 이루어진 것도 이러한 공리주의자들의 관심에서 기인한다.73) 당시의 공리주의자들이 홉스의 진가를 인식하면서 알게 된 것은 바로 전지전능하며 중립적인 주권자가 공리주의적 규범에 시민들의 의지를 종속시키기 위해 필요하다고 느꼈기 때문이었다. 비록 홉스 자신의 도덕이론과 그것이 토대를 두고 있는 개인주의는 그들의 것과 달랐지만, 적어도 그들은 홉스의 이론에서 도덕적 의무의 정당성을 개인과 전체의 상호관계 정립을 통해서 근거지을 수 있다는 유사한 가능성을 간파했던 것이다.

그러나 원칙적으로 어떤 한 사람이 공리주의자이면서 동시에

---

73) 홉스 저작에 대한 최초의 표준적인 편집판을 낸 인물인 윌리엄 몰즈워드(William Molesworth)도 당대의 지도적인 공리주의 정치가인 조지 그로트(George Grote), 제임스 밀, 존 스튜어트 밀(John Stuart Mill)의 추종자였다.

개인주의자라는 것은 개인적 신념으로는 고수할 수 있어도 논리적으로는 양립하기 어려운 주장이다. 벤담과 밀(J. S. Mill)의 공리주의도 개인의 평등을 옹호하지만 공리주의 자체는 개인주의가 아니다. 때문에 공리주의에서 계속 문제가 되는 것이 바로 개인의 자유를 공리주의의 기본 원리와 어떻게 조화시킬 것인가 하는 문제였다. 그런데 홉스의 개인주의는 단순한 평등주의가 아니라 고립주의적 성격을 지니기에 더더욱 공리주의자가 되기 어렵다. 그럼에도 이 양립하기 어려운 두 태도를 홉스는 그의 사회계약론을 통해 해결하고 있다.

더욱이 홉스는 공리주의가 기본적으로 견지하고 있는 결과 위주의 사고에 그것이 실제로 집행될 수 있는 강제력을 부가하려 했는데, 그것이 곧 그의 주권이론이 표방하고 있는 절대주의라고 할 수 있다. 홉스가 강력한 군주정치를 지지하고 있는 것도 논리적으로는 그것에 원자적 개인주의가 기본적으로 전제하고 있는 개인들 간의 평등주의, 특히 힘의 평등으로 인해 야기되는 정당한 대립을 해결할 수 있는 돌파구로서의 기능을 부여하고자 했기 때문이라 할 수 있다.

제 3 장

국가론의 생물학적 및 심리학적 원리들

1. 욕망과 자기 보존

정치학을 하나의 정밀한 과학으로 만들고자 하는 야심 찬 목표를 꿈꾸고 있는 홉스의 인간론은 그의 물체론을 기초로 한다. 즉, 물체론을 인간에 적용한 것이 그의 인간론이다. 그리고 인간론, 특히 정념론 및 그 외적 조건들을 기초로 하여 전개하고 있는 것이 그의 국가론이다. 이러한 홉스의 정치론의 논리적 및 체계적 기획은 국가론을 중심에 놓고 전개되는 정치철학적 논증들을 의도적으로 그리고 철저하게 과학적 형식으로 전개하도록 만들었다. 그의 저작들의 기획과 체계 구성의 형식에서도 잘 나타나 있지만 이를 가장 잘 함축적으로 보여주고 있는 단적인 예로 목차와 세부 항목을 통해 드러나는 『리바이어던』의 형식과 내용 구성을 꼽을 수 있다.

이와 같은 홉스의 논증 방식들이 과연 그의 과학적 명제들과 정치이론 사이에 논리적 연관관계가 있다는 것을 성공적으로 보여주고 있는지를 놓고 학자들 간에 이견들이 있기도 하다. 특히 스트라우스에 의해서 촉발된 과학 중심의 홉스 해석은 홉스의 정치 사상이 일관된 체계를 지닌다고 보기 어렵다는 태도를 보이고 있다. 스트라우스는 과학이론 중심의 전통적인 홉스 해석을 과도한 과학주의라고 비판하고 있다.1) 그러나 대부분이 인정하고 있는 분명한 것은 홉스 자신은 가장 과학적인 방식으로 자신의 주장을 관철시키려고 했다는 점이다.

홉스는 "신이 세계를 창조하고 지배하기 위해서 만든 예술품인

---

1) 가령 스트라우스는 홉스의 인간관의 기초가 비과학적이라고 주장한다. 그러면서도 그는 홉스는 자신의 견해가 유일하게 참이며 보편타당한 것임을 정당화하기 위해서 과학적 언어들을 사용했다는 점을 강조하고 있다. 이에 대해서는 L. Strauss, *The Political Philosophy of Hobbes*, Chicago: University of Chicago Press, 1963 참조. 반면에서 왓킨스는 홉스의 과학 사상과 정치 사상 사이에는 밀접한 연관이 있다고 주장한다. 이에 대해서는 R. W. N. Watkins, *Hobbes's System of Ideas*, New York: Barnes and Noble, 1968; L. Stevenson, *The Study of Human Nature*, New York: Oxford University Press, 1981, p.86; G. C. Robertson, *Hobbes*, St. Clair Shore, Mich.: Scholarly Press, 1970, p.216; M. Grene, "Hobbes and the Modern Mind", in *Anatomy of Knowledge*, (ed.) M. Grene, London: Routledge & Kegan Paul, 1969, p.3.

자연물들 중에 가장 이성적이면서도 합리적인 창작품"[2]인 인간을
고도로 복잡한 생물학적 기계로 간주한다. 한편으로 홉스의 생물
학적 심리학 내지는 인간론은 오늘날 우리가 일반적으로 생각하
고 있는 것과는 달리 관찰과 실험에 입각한 고찰이라고 보기 힘
들다. 그는 형이상학적 및 기계론적인 물체론으로부터 출발해서
인간에 관한 일련의 사실들을 논증적으로 추론하는 방식으로 인
간의 본성에 접근하고 있기 때문에 그것이 얼마만큼 경험적 타당
성을 갖는 것인지를 명료하게 보여주지는 못했다.

　그러나 이 때문에 오히려 인체를 모방해서 이보다 더 훌륭한
창작품을 만들려는 소망을 담고 있는 국가론은 기본적으로 인간
본성론으로부터 그리고 본성론은 물체론으로부터 연역하는 논리
적 방식을 취함으로써 홉스는 인간의 심리적 구조 내지는 인간
본성론 또한 자연의 기계적 법칙의 지배를 받는다는 것을 일관되
게 고수하려고 했다. 이때 자연 물체의 운동 방식으로부터 인간
본성을 연역하는 단초가 되는 것이 감각(과 상상력)이다.

> "물리학 다음에 우리는 도덕철학으로 나아가야 한다. 도덕철
> 학에서는 마음의 운동, 즉 욕구, 혐오, 사랑, 자선, 희망, 공포,
> 분노, 경쟁심, 질투 등이 어떤 원인들을 갖는지 그리고 무엇에
> 의해서 야기되는지를 고찰한다. 이것들이 물리학 다음에 고찰
> 되어야 하는 이유는 그것들의 원인이 물리학적 고찰의 주제들
> 인 감각과 상상력에 있기 때문이다. 또한 이 모든 것들이 이러

---

2) *Leviathan*, p. ix.

한 순서에 따라서 연구되어야 하는 이유는 물리학을 이해하려면, 운동이란 물체들의 가장 미세한 요소들을 통해서 이루어지는 것임을 제일 먼저 알아야 하기 때문이며, 또 다른 물체들을 운동하게 만드는 것이 무엇인지 알아야만 이러한 요소들의 운동에 대해서 이해할 수 있으며, 또 이는 그러한 운동이 어떤 결과를 낳는지도 알아야 이해할 수 있는 것이기 때문이다."3)

홉스의 유물론적 원리와 감각이론에 따르면, 모든 물체들처럼 인간 신체와 그 심리적 작용과 기능들은 신체기관들의 운동을 통해서 존재한다. 인과법칙의 지배를 받는 신체의 물리적 운동들은 신체를 구성하는 감각기관을 통해 중추신경 계통에 전달되고, 이러한 운동의 결과로서 우리에게 나타나는 것이 바로 감각이다. 앞서 언급한 바와 같이 이러한 "감각은 외부 물체, 즉 대상에 의해 인체에서 생긴다."4)

홉스는 어떤 물체이든 한번 운동 상태에 놓이게 되면 그것은 다른 것이 방해하지 않는 한 영구히 움직이고 있게 된다고 말한다. 그런데 홉스는 사람들은 어떤 사물이 정치해 있을 때 다른 사물이 건드리지 않는 한 그것은 영구히 정지해 있을 것이라는 사실은 어느 누구도 의심하지 않는 진리인 반면, 이처럼 어떤 사물이 움직이고 있을 때 다른 사물이 그것을 정지시키지 않는 한 그것은 영구히 움직일 것이라는 사실에 대해서는 쉽게 동의하지 않는 경향이 있음을 지적한다. 하지만 이는 인간들이 어떤 행동 이

---

3) *De Corpore*, ch. 6, pp.72~73.
4) *Leviathan*, ch. 1, pp.1~2.

후에 스스로 휴식을 취한다고 생각하는 자기중심적 사고를 물체의 운동에도 그대로 연장해서 적용한 잘못에서 비롯된 것인데, 어떤 행동 이후에 찾아오는 휴식 역시 그러한 휴식에 대한 열망을 일으킨 또 다른 운동의 결과임을 홉스는 다시 강조하고 있다.

상상력은 이와 같은 감각 운동을 통해 느끼거나 직접 본 사물의 형체가 이보다는 선명하지는 못하지만 그 사물의 이미지를 여전히 가지고 있는 이름하여 "쇠퇴해 가는 감각"이다. 그리고 기억(memory)이란 "감각이 사라지고 오래되고 지나간 것"[5]을 의미하는데, 이런 의미의 기억도 홉스에게는 상상력과 동일한 기원을 가지며, 따라서 동일한 것이라 할 수 있다. 그리고 많은 기억 또는 수많은 사물의 기억을 홉스는 경험(experience)으로 부르고 있다.

이처럼 전체적으로든 부분적으로든 우리의 감각기관을 거치지 않고서는 우리 인간의 마음속에 아무런 개념도 생기지 않는데, 이러한 감각기관을 통해 나타난 감각은 일련의 운동 과정을 반영한다. 홉스에 의하면 동물 혹은 인간(이라는 물체)의 운동에는 두 종류가 있다. 생명운동(vital motion)과 동물적 내지는 의지적 운동(animal/voluntary motion)이 그것이다. 전자는 "정맥과 동맥을 끊임없이 순환하는 피의 운동"[6]이자 상상력의 도움 없이 이루어지는 운동으로 혈액, 맥박, 호흡, 소화, 영양, 배설 등의 진행으로 나타나며, 후자는 상상한 대로 걷고, 말하고, 신체의 사지를 이용

---

5) *Leviathan*, ch. 1, p.6.
6) *De Corpore*, ch. 25, p.407.

해서 움직이는 운동으로 이 의지적 운동은 항상 어디에, 어떻게, 무엇을 등의 사고에 뒤따르는 행동이듯이 언제나 상상력을 그러한 운동의 최초의 내적 동기로서 필요로 한다.[7]

홉스에 의하면, 인간의 생명이란 결국 운동 결과의 축적이자 부단한 운동 과정 중에 있는 물체이다. 그래서 어떤 운동은 생명운동을 촉진하거나 활성화시키며, 어떤 운동은 이를 방해하거나 약화 내지는 무력화시킨다. 생명운동은 기본적으로 우리의 신체 내부에서 일어나는 운동이다. 눈에 보이는 신체 활동이 공간 중에서 진행되듯이 우리 눈에는 보이지 않는 내부 운동 역시 더 큰 공간이 더 작은 공간을 전제하듯이 내부의 작은 공간 속에서 이루어진다. 생명운동이란 바로 이처럼 우리의 신체 내부에서 이루어지고 있는 운동인 바, 생명운동이 바로 그러한 운동이다. 그리고 이러한 생명운동의 시작을 홉스는 '노력'(conatus; endeavour)이라는 개념으로 특징짓는다. 홉스가 말하는 노력은 "인간의 체내에서 걷기, 말하기, 때리기, 기타 눈에 보이는 행위로 나타나기 이전의 운동의 작은 단초(beginning)"로서 이 또한 인간의 물리적 운동의 자연적 산물이다.[8] 다시 말해서 노력은 공기와 같은 매체를 통한 외부 대상, 행위자의 감각과 다른 신체기관, 즉 신경 체계를 거쳐 심장에 전해지는 운동에 의해서 야기된다. 그리고 이런 대상들로부터 야기되는 감각적 자극이 욕망이나 혐오를 낳는 것은 그와

---

7) *Leviathan*, ch. 6, pp.38~39.
8) *Leviathan*, ch. 6, p.39.

같은 대상들에 대한 행위자의 과거 경험의 기능에 의해서 좌우된다.[9]

이와 같이 노력을 통하여 생명운동이 고양되느냐 아니면 억압되느냐에 따라서 나타나는 것이 감정들인데, 홉스는 이 중에 두 가지 원초적인 정념을 욕망(desire)과 혐오(aversion)로 파악한다.[10] 이 욕구나 욕망은 그것의 원인이 되는 것을 향한 노력에 붙여진 이름이다. 굶주림이나 목마름 등에 한정되는 욕구(appetite)를 포함한 넓은 의미의 욕망은 생명을 고양시키는 방향으로 접근하는 운동이며, 혐오는 생명의 고양으로부터 멀어지거나 후퇴하는 운동이다. 이들 원초적 감정은 증가와 감소, 전진과 후퇴와 같은 원초적인 반응에 기초하여 더 복잡하거나 우회적인 파생 감정들을 추론할 수 있게 되는 근본 감정이다. 사랑과 미움, 즐거움과 슬픔, 희망과 절망, 두려움과 용기, 분노와 자비 등 여타의 다양한 감정들이 정의된다. 그런데 욕구와 혐오가 운동인 것처럼 서로 다른 정념들도 그 본질에 있어서는 기본적으로 운동이다.

홉스의 운동론이 감각론으로 이것이 다시 정념론으로 이어지는 논리적 연관관계를 갖는 것도 그 중심에는 역시 물체를 운동 개념으로 규정하는 그의 유물론이 전제되어 있다. 가령 외부 대상들이 감각기관에 영향을 미치면 "우리가 생각(conception)이라고 부르는 뇌의 운동과 동요"[11]가 일어나게 된다. 그리고 다시 이 뇌

---

9) *Human Nature*, ch. 7, pp.31~32.
10) *Leviathan*, ch. 6, p.39 이하.
11) *Human Nature*, ch. 8, p.34.

의 운동이 심장에 전해지고 그 과정의 계속적인 진행으로 소위 정념이라고 부르는 현상에 이르게 된다. 이처럼 사람이 느끼거나 지각하는 아주 다양한 정념도 결국은 궁극적으로는 이러한 미세 물질의 운동의 작용과 결과이며, 따라서 "생각이 단지 머릿속의 운동인 것에 불과한 것처럼 즐거움, 만족, 쾌락 등은 참으로 심장 주위에서 일어나는 운동에 지나지 않는다."[12]

이러한 정념론은, 홉스의 정의에 따르면, 기본적으로 윤리학 혹은 도덕철학의 영역에 속한다. 도덕철학과 사회철학은 물리학과 기하학에서 출발하는데, 학문 분류와 관련하여 앞서 언급한 내용을 상기하자면, 도덕철학은 "욕구와 혐오 및 이와 관련된 정념의 내적 운동"을 그리고 사회철학은 "시민의 의무와 주권자의 특권"에 대해서 연구하는 학문이다.

홉스는 이처럼 운동 개념으로부터 시작해서 정념에 기초한 인간론을 사회철학의 대상인 국가론에까지 확대, 적용하고 있다. 정념을 출발점으로 삼아 사회철학의 제 원리들을 도출할 수 있다는 홉스의 주장은 정념이 갖는 독특한 성격 때문에 그의 철학에서 특별한 지위를 갖는다고 할 수 있다. 홉스가 말하는 정념은 실제로는 인간의 심리적 본성과 현상에 대한 내성적 관찰에 의거하고 있는데, 이러한 이유에서 홉스의 사회철학이 논리적으로는 궁극적으로 그의 제1철학에 토대를 두고 전개되는 의존적 학문이냐 아니면 이와는 독립적인 자율적인 학문이냐 하는 문제가 제기되

---

12) *Human Nature*, ch. 7, p.31.

기도 한다.13) 홉스 자신은 다음과 같이 말하고 있다.

　"사회철학과 도덕철학은 서로를 지지하지 않지만, 상호 도움을 줄 수는 있다. 왜냐하면 마음의 운동의 원인은 이성적 추리에 의해서뿐만이 아니라 고통이 자신의 내부의 운동임을 알게 되는 각자의 경험에 의해서도 알려지기 때문이다. 그러므로 그들은 종합적 방법에 의해서 정념과 마음의 동요의 원인에 대한 지식을 획득해 왔으며, 그리고 계속해서 동일한 방식으로 철학의 제1 원리로부터 국가를 구성하는 원인과 필연성에 이르게 되며, 또한 자연권, 시민의 의무, 국가의 권리가 무엇인지에 대한 지식 및 사회철학과 관련된 여타의 모든 지식을 얻게 된다. 이와 같은 이유로 해서 정치학의 원리는 마음의 운동에 관한 지식 속에 있으며, 이들 마음의 운동에 관한 지식은 감각과 상상력에 관한 지식으로부터 나오게 된다. 그리하여 또한 철학의 첫 번째 요소, 즉 기하학과 물리학을 배운 적이 없는 사람들도 그럼에도 불구하고 분석적 방법에 의해서 사회철학의 원리들을 획득할 수가 있는 것이다."14)

　이와 같은 홉스의 말에 따르면, 운동이론으로부터 시작해서 정념을 중심으로 한 인간론을 거쳐 국가론에 이르는 논리적 과정을 다음과 같이 해석할 수 있다. 비록 홉스가 물체론으로부터 출발해서 욕망과 혐오 및 정념에 기초한 생물학적 및 심리학적 인간론

---

13) 이에 대해서는 T. Sorell, "Hobbes's scheme of the sciences", in *The Cambridge Companion to Hobbes*, (ed.) T. Sorell, Cambridge University Press, 1996, pp.54~56.

14) *De Corpore*, ch. 6, pp.73~74.

을 확립하는 과정은 논리적으로는 하나의 가능한 설명일지라도, 그가 정념론과 물체론의 내적 연관성을 확립하기 위해서 미세 영역인 인간의 정신 현상 일반에 대한 객관적인 물리학적 탐구와 심리학적 탐구를 병행하지 않은 이상, 실제로 홉스는 물체론의 근본 원리들을 인간의 마음에 대한 내성적 통찰들과 접목시키면서 이를 바탕으로 한 종합적 방법에 의해서 정념에 대한 지식들을 도출하고, 다시 또 이로부터 사회철학으로 나아갈 수 있는 출발점으로 삼고 있는 것으로 보인다. 다시 말해서 홉스의 정념론이 그의 기계론적 유물론으로부터 직접적으로 연역될 수 있는 것으로는 보기 어렵다. 오히려 홉스는 원리적으로는 정념론이 제1 철학에서 논리적으로 연역될 수 있지만, 실제로는 자신의 유물론적 관점에서 정념에 대한 분석적 접근을 통해 이로부터 국가론을 구성하는 인간학적 원리들을 도출함으로써 사회철학의 자율적인 기초를 확립해 가는 과정을 밟고 있다고 볼 수 있다.

따라서 이러한 논리에 따르면 홉스의 국가론 및 사회철학은 그 자체의 독자적인 기초와 원리를 가지면서도 동시에 체계 전체의 논리적 연관관계에서는 물체론에 의존적인 영역이라는 성격을 갖는다고 말할 수가 있다. 그러나 홉스의 말대로 국가론의 철학적 원리들을 종합적 방법과 분석적 방법에 의거해서 도출해 낸다고 가정할 경우, 이 양자가 동일한 결론에 도달한다는 것을 논리적으로는 보장할 수 없다. 만일 그것이 가능하다면, 그것은 홉스 자신이 제시한 욕망과 정념에 관한 견해인데, 이 역시 단지 홉스 자신의 의도에 봉사하는 형식적 역할을 맡고 있을 뿐 실질적으로 그 과정을 보여주지는 못한다.

그런데 홉스에게 있어서 욕망과 혐오는 기본적으로 자극과 반응이라는 생물학적 특성을 갖는다. 욕망을 증진시키거나 혐오를 배가시키거나 하는 일련의 자연적 작용에 따른 심리적 반응이 있을 수 있고, 또 사유와 판단에 의거한 좀더 이차적인 심리적 반응들이 있을 수 있다. 이처럼 모든 인간의 감정은 기본적으로 자극에 대한 반응이거나 외부 대상 혹은 사건에 대한 능동적인 반응이나 대응의 산물들이다. 이런 태도는 특히 의지(will)에 대한 홉스의 견해에서도 잘 나타나 있다.

심지어 홉스는 의지의 경우에도 전통적으로 자유의지론자들이 부여했던 그런 자격을 모두 박탈한다. 그에게는 의지 또한 일련의 운동 중에 있는 현상이자 특히 마지막 욕구(last appetite)로서 하등의 특별한 생명운동이 아니다. 홉스는 이처럼 인간의 육체적 및 정신적 측면의 다양한 감정과 반응들을 아주 단순한 심리학적 장치로부터 연역적 방식으로 추론해 낸다.

여타의 유기체들처럼 감각과 감정으로 표출되는 인간 유기체의 생명운동은 자신의 생명력을 유지, 강화, 지속하려는 본능적인 활동이다. 그러므로 유기체의 생물학적 활동으로서의 일체의 자극과 반응은 근본적으로 그것이 이러한 생명력에 어떻게 작용하느냐에 따라 평가가 내려지게 된다. 가장 대표적으로 꼽을 수 있는 것이 이러한 자극과 반응이 쾌락이나 고통으로 나타나는 경우이다. 홉스가 말하는 두 가지 근원적 감정인 욕망과 혐오 역시 자극 및 그에 따른 반응이 각각 개체의 생명운동과 생명력을 고양시키거나 억압하는 데 따른 명칭들이다. 홉스는 이처럼 유기체가 자신의 생명력을 유지 또는 강화시키려 하는 모든 행위를 지배하고 있는 생물학적 원리를 자기 보존이라 부른다. 이와 같이 인간 각자가 자신의 생명을 보존하기 위해서 무엇이든 할 수 있는 자유를 홉스는 자연권(natural right)이라 부른다.

다른 한편으로 인간 욕망의 기본 성향은 자기 보존을 향한 부단한 추구로 나타난다. 이를 추구하는 욕망의 부단한 노력의 끝, 즉 최종 목적은 권력 혹은 힘(power)에 대한 추구로 나타난다. 이 힘은 미래에도 생존하고자 하는 욕망을 지속적으로 보증해 주는, 이를테면 "미래에 있을 분명한 선을 획득하려는 현재의 수단"15)이다. 이에는 타고난 힘과 수단적 힘이 있다. 타고난 힘이란 보통 이상의 강함이나 용감한 자, 분력별, 기예, 웅변, 관후, 고귀함 등과 같은 신체나 정신적 능력의 우수성을 말하고, 수단적 힘은 타고난 힘들이나 운에 의해서 획득되는 힘인데, 부, 명성, 친구 및 행운을 가져다주는 신의 숨은 조력 등과 같은 것을 더 많이 획득하려는 방법이나 수단을 뜻한다.

홉스는 이러한 힘은 어느 한 사람에게나 국가에서 결합되고 합해지면 질수록 더 커진다고 말한다. 이를테면 "인간의 힘 가운데 최대의 것은 최대 다수의 인간의 힘이 합해지고 동의에 의해 자연적이거나 사회적인 하나의 인물에게 결합된 것이다."16) 이러한

---

15) *Leviathan*, ch. 10, p.74 이하.
16) *Leviathan*, ch. 10, p.74.

힘을 누가 얼마나 소유하고 있느냐에 따라 인간 개개인의 가치나 값어치도 달라지며, 또 그것도 어떤 상황이냐에 따라서도 달라진다. 즉, 인간의 가치나 값어치는 그가 가진 "힘의 효용"에 따라 값이 매겨지며, 따라서 "그것은 절대적이 아니며 타인의 필요와 판단에 의존한다."[17] 이는 개별 국가의 경우에도 마찬가지로 적용된다.

이처럼 자기 보존을 부단히 가능하게 하는 힘을 추구하려는 것이 욕망의 본성이다. 다시 말해서 생명의 보존, 그것도 항구적인 생존을 위한 힘을 부단히 추구하는 것이 욕망의 속성이며, 그것은 힘에의 추구로 나타난다. 홉스는 인간의 "삶의 행복은 충족된 정신의 휴양 속에 존재하지 않는다"[18]라고 말한다. 생물학적 본성으로서의 인간의 욕망 또한 물체의 존재론적 본성인 운동에 기초하고 있듯이, 운동의 정지는 인간에게는 곧 죽음을 의미한다. 때문에 홉스에게는 그리스 철학자들이 추구했던 "궁극 목적(finis ultimus)이나 최고선(summum bonum) 같은 것은 존재하지 않으며", "행복이란 하나의 목적에서 다른 목적으로 가는 욕망의 계속적 진행이며, 전자의 획득은 후자로 가는 길에 불과할 뿐이다."[19] 그리고 무엇보다도 "생명 자체는 운동일 뿐이지만, 그것은 결코 욕망 없이는 존재할 수 없다."[20] 따라서 이러한 생명운동과 이로

---

17) *Leviathan*, ch. 10, p.76.

18) *Leviathan*, ch. 11, p.85.

19) *Leviathan*, ch. 11, p.85.

20) *Leviathan*, ch. 6, p.51; ch. 8, p.62; ch. 11, p.85.

부터 진행되는 삶 속에는 완전한 만족이란 존재하지 않는다. 인간이 도달할 수 있는 최선의 것은 인간이 소유하고 있는 부단한 일련의 욕망들을 계속해서 성공적으로 만족시키는 것이다.

이와 같은 홉스의 주장에는 짚고 넘어가야 할 두 가지 중요한 문제가 있다. 그 하나는 홉스가 말하는 살아 있는 인간은 만족되지 않는 욕망을 끊임없이 소유하고 있다는 주장이 반드시 그의 기계론적 전제에 의존하는지 여부이다. 또 하나는 이 주장이 인간의 삶에는 마음의 평안이나 평정과 같은 행복의 상태란 있을 수 없다는 주장을 뒷받침하는지 여부이다.[21]

첫 번째 문제에 대해서는 다음과 같은 해석이 가능하다. 인간은 끊임없이 만족되지 않는 노력을 소유하고 있다는 것은 생물학적 설명이다. 인간은 단 한번만이라기보다는 주기적으로 만족시켜 줘야만 하는 물리적 내지는 신체적 욕구를 갖고 있다. 그리고 우리는 우리를 죽이려 하거나 해치려 한다고 믿는 대상들을 끊임없이 혐오한다. 그렇다면 만일 우리가 생물학을 생명체들의 구조와 행동에 대한 기계론적 설명 체계로 바라본다면, 우리는 이런 해석을 홉스의 기계론적 원칙의 일관성이라는 관점에서 받아들일 수 있을 것이다.

그러나 인간을 이성적 존재로 간주하는 홉스의 관점을 취할 경우, 만족되지 않는 욕망을 소유하고 있는 우리 자신을 설명하기

---

21) 이에 대해서는 Gregory S. Kavka, *Hobbesian Moral and Political Theory*, p.16 이하.

위해서는 적어도 두 명의 지적 존재를 고려하는 것이 중요하다. 현재의 안녕뿐만 아니라 미래의 안녕에 대해서도 관심을 갖는다는 의미에서 인간은 미래지향적인 존재라 할 수 있다. 그러므로 인간은 미래에도 만족될 수 없는 욕망을 소유하고 있음에 틀림없다. 또한 인간은 동물과 달리 호기심을 타고나는 존재이다. 그리고 인간은 무수히 많은 일들에 대해서 배우고 알고 싶어 하지만 이 모든 것을 충분히 만족시킬 수는 없을 것이다. 그러므로 홉스가 시도하지 않았던 인간 존재의 일반적인 생물학적 및 심리학적 사실로부터 우리는 홉스의 기계론에 조금도 의지하지 않고서도 만족되지 않는 인간의 욕망에 대한 그의 결론과 동일한 결론을 이끌어낼 수도 있을 것이다.

그렇다면 이와 같은 결론이 현실의 삶 속에는 어떠한 마음의 평정이나 지복도 있을 수 없다는 것을 함축하는가? 이것은 이 평정을 어떻게 받아들이느냐에 좌우된다. 어떤 사람은 현재의 모든 욕망이 만족되는 오직 그 경우에만 현재 평정 상태에 있다고 할 수 있다. 또한 미래의 평정은 미래에 대한 그 자신의 모든 욕망이 앞으로 적절한 시기에 만족될 것이라는 것을 그 사람이 지금 자신하고 있어야 한다는 것을 요구한다. 이러한 현재-미래 관계의 평정은 현재와 미래에 관한 어떤 사람의 모든 욕망이 지금 만족되는 상태이다. 그런데 미래에 대한 욕망의 현재의 만족은 불가능하기 때문에, 현재-미래의 평정은 그 행위자가 미래에 대한 어떠한 욕망도 갖고 있지 않고 그것이 현재의 평정과 일치하는 경우에만 가능하다. 욕망에 대한 홉스의 기계론적 이론은 생명을 소유하고 있는 인간은 언제나 미래의 어떤 욕망을 지향한다는 것을, 따라서 현재-미래의 평정은 불가능하다는 것을 함축한다.

그러나 이와 같은 결론은 어느 곳에서도 지지를 받지 못하는 해석이다. 왜냐하면 홉스는 "어떠한 평정도 없다"는 주장을 자연 상태에서 발생하는 전쟁 상태를 옹호하는 논증을 위해서 사용하기 때문에, 우리가 주목해야 하는 것은 미래의 평정에 대한 견해이다. 그러나 이는 그의 기계론으로부터 도출될 수 없다. 홉스의 유물론과 기계론은 한 개인의 심적 욕망의 상태를 설명하는 데는 적절히 적용할 수 있으며, 따라서 인간론을 물체론에서 도출하려는 시도는 원칙적으로 허용될 수 있지만 개인들 간의 갈등 해결 자체를 기계론적 원리에 의거하여 설명할 수는 없다.

홉스가 말하는 각 개인의 힘은 서로 대립하는 속성을 갖는다. 왜냐하면 힘은 각 개인에게 있어 자기 보존을 가능하게 하는 원천이기에 한 사람의 힘의 증대는 다른 사람의 힘에 영향을 미치고 이는 결국 다른 사람의 힘의 세기와 충돌하지 않을 수 없기 때문이다. 힘이 갖는 이와 같은 속성은 죽음에 대한 공포라는 인간의 기본 감정과 결합됨으로써 인간으로 하여금 힘의 적절한 통제와 평화에의 회구라는 이성의 소리에 귀를 기울이도록 만든다. 따라서 인간의 욕망을 넘어서 이성의 역할에 주목해야 하는 이유가 여기에 있다.

그러나 이와 같은 이유 때문에 홉스의 기계론과 기하학적 방법이 그의 도덕 및 정치 철학에서 어떠한 근본적인 역할도 하지 못한다는 결론이 정당화되는 것은 아니다. 추론의 명료성은 물론 홉스가 도덕 및 정치 철학의 핵심 용어들에 대한 분명하면서도 일관된 정의들을 내리고 있는 태도는 기하학적 방법에 대한 그의 관심을 아주 잘 보여준다. 홉스의 기계론이 그의 주요 결론과 논증들을 지지해 주는 데 직접적인 연관성을 갖지는 않는다 하더라도 그것은 그와 같은 작업을 가능하게 만든 원천이었다고 할 수 있다. 더욱이 홉스는 일단의 과학적 방법을 그의 동시대인들로부터 차용했으며, 자신의 정치철학에 적용하여 유익한 결과를 얻을 수 있었다. 가장 대표적인 것이 바로 분해와 구성의 방법이다. 이 방법을 홉스는 그의 정치이론에서 인간의 생물학적 및 심리학적 본성은 물론 개인들의 구성체인 국가에도 적용하고 있다.

2. 이성과 평화

인간의 생물학적 본능으로서의 자기 보존은 기본적으로 자신의 생존에 이바지하는 자극에 적극적으로 반응하고 그 반대의 경우에는 이를 거부하는 반응을 보인다. 인간이 선과 악을 규정하고, 행위 목적과 수단의 선택을 추구하는 행위는 모두 이러한 본능과 관계한다. 그런데 이러한 본능, 특히 자신의 생명력을 유리하게 고양하는 감정인 인간의 욕망이 그것의 원천인 생명력의 고양 또는 자기 보존을 어떻게 안전하게 확보하는지는 단순히 자극과 반응이라는 생물학적 기준만으로는 결정되지 않는다.

어떤 자극과 그에 수반되는 욕망은 때로는 일시적일 수도 있으나, 인간의 자기 보존의 본능은 장기적이면서도 무조건적인 생존을 원한다. 때문에 인간의 욕망은 제 혼자의 힘만으로는 자기 보존을 안전하게 확보할 수 없다. 욕망 이외에 여기에 힘을 실어주는 또 하나의 인간의 본성의 원리가 바로 이성이다. 홉스는 인간의 욕망과 이성을 자기 보존의 본능에 충실하고자 하는 인간 본성의 두 가지 원리로 파악한다.

욕망과 이성 중에서 특히 합리성을 그 본질로 하는 홉스의 이성은 무정부의 자연 상태에서 벗어나 자기 보존을 지속적으로 가능하게 하는 평화를 소망하게 하는 기능을 한다. 인간은 자신의 욕망을 합리적으로 실현할 수 있게 해주는 이성을 소유하고 있기 때문에 이를 통해 그것의 가능성으로서의 평화를 희구한다는 것이 홉스의 생각이다.

홉스는 다음과 같이 말한다.

> "인간을 평화로 지향케 하는 정념(passion)은 죽음에 대한 공포나 편리한 생활에 필요한 것들에 대한 욕망이며, 그들의 근로에 의해서 그것들을 획득하려는 희망이다. 이성은 인간들이 동의에 이를 수 있는 적절한 조항들을 지시한다. 이러한 조항들은 자연법이라고 불리는 것이다."[22]

> "힘의 평등과 인간의 다른 자연적 능력을 생각할 때, 그 어떤 사람도 적대적인 상태와 전쟁 상태에 머물러 있는 동안에는 장시간 자신을 보존하리라 확신할 수 있는 충분한 권력을

---

22) *Leviathan*, ch. 13, p.116.

소유하지 못하고 있다. 그러므로 이성은 만인에게 그 자신의 선을 위해 평화를 달성하려는 희망이 있는 한 평화를 추구할 것을, 그리고 그러한 평화를 달성할 수 없는 자들로부터 자신을 지키기 위해서 그가 강구할 수 있는 모든 도움을 받아 힘을 기를 것을, 그리고 반드시 이에 도움이 되는 모든 것을 하라고 명령한다."[23]

그런데 홉스가 이성이 명령하는 평화 추구와 함께 인간 행동의 원천으로서의 자기 보존을 어떻게 달성할 것인지에 대한 반성은 자기 보존과 욕망 및 이성의 관계를 단순한 도식으로 이해하기 어렵게 만든다. 심지어는 순수한 의미에서의 자기 보존이란 것이 있기나 한지조차 의심스럽게 된다. 이러한 의문의 첫 번째 가장 중요한 이유는 자기 보존 자체가 실제로는 이성의 도움 없이는 달성하기 어렵다는 점이며 동시에 이와 동일한 합리적 이성의 계몽에 의해서 자기 보존 자체가 제한을 받지 않을 수 없다는 점에 있다.

그러나 이들 관계를 단순히 생물학적 관점에서 보면, 홉스에게 이성은 기본적으로는 공포를 피하고 욕망을 만족시키는 데 필요한 수단적인 기능과 능력이다. 이런 점에 주목하게 되면, 인간의 본성을 지배하는 기본적인 동기는 이성이 아니라 욕망이라 할 수 있다. 홉스에게 욕망은 기본적으로 생명력의 고양을 가져오려는 '노력'으로 나타난다. 이러한 욕망과 노력의 최종 목표, 즉 욕망의

---

23) *De Corpore Politico*, ch. 1, p.86.

근본적인 목적은 자기 보존이며, 이를 합리적으로 달성한 상태가 바로 평화이다. 그리고 이 평화 상태를 유지 달성하는 수단과 방법을 우리 손에 쥐어 주는 역할을 하는 것이 바로 이성이다.

홉스에게 이성은 기본적으로 계산하는 능력을 포함하는 '추리하는 능력'이다. 앞장의 3절 "유명론"에서 살펴본 바와 같이 인간의 언어 사용 능력은 인간의 사회생활을 가능하게 하는 가장 중요한 특징이다. 즉, 홉스에게 사회란 언어적 질서(verbal order)의 한 형태에 해당한다. 인간의 이성적 추리 능력은 특히 인간의 언어 사용을 통해서 충분히 발휘될 수 있으며 이 언어의 사용 방법을 배울 수 있는 가능성이야말로 인간을 이성적 존재로 만들어준다. 그런 점에서 이성은 또한 언어의 한 형태라고 할 수 있다.

인간들 상호간의 합리적이면서 통제된 의사소통을 가능하게 하는 것이 언어의 소임이라면, 이성은 인간에게 유용한 일종의 통제된 사유 형태이며, 따라서 이성은 언어와 따로 떼어놓고 생각할 수가 없다. 가령 홉스는 "어린이들은 언어의 사용법을 배울 때까지는 추리의 능력을 전혀 갖지 못한다"[24]라고 보고 있다. 이처럼 언어를 매개로 한 추리가 우리의 노력에 의해 얻어진 올바른 원칙에 입각하여 이루어져서 적절한 추리를 가능하게 하는 지식들의 체계가 바로 홉스가 말하는 학문이다. 이성, 추리, 언어, 그리고 학문의 상관성을 홉스는 다음과 같이 말하고 있다.

---

24) *Leviathan*, ch. 5, pp.35∼36.

"추리는 감각이나 기억처럼 우리가 타고난 것이 아니며, 또 분별(prudence)처럼 경험만으로 얻어지는 것이 아니라 노력에 의해서 얻어지는 것이다. 처음에는 명사를 적절히 부여하고, 둘째는 여러 명사로 표현되는 원리에서 출발하여 여러 명사의 상호관계에서 생기는 주장을 세우고, 여러 주장으로 삼단논법을 세우며, 당면한 문제에 관한 지식을 획득하기에 이르는 옳고 질서정연한 방법을 택함으로써 얻어진다. 이것이 바로 우리들이 학문이라고 부르는 것이다. 그리고 감각이나 기억이 과거의 지울 수 없는 사실의 지식에 불과하다면 학문은 하나의 사실과 다른 사실의 관련성과 의존관계에 대한 지식이라 하겠다."[25)

특히 이 인용문에서 우리는 '노력'이라는 말에 각별히 주의할 필요가 있다. 홉스에게 인간이 태어날 때부터 갖고 있는 이른바 천부적인 '지력' 즉 '정신적 능력' 또는 '지적인 덕'이란 존재하지 않는다는 사실이다. 홉스에게 있어서는 감각만이 물체인 인간이 갖고 태어나는 유일한 것이다. 때문에 홉스가 말하는 '천부의 지력'이란 이러한 감각이 운동에 의존해서 기계적인 경험적 방식으로 자연스럽게 얻어진 지력을 뜻하며, 이를 '획득된 지력'과 구분 짓는다. 먼저 천부의 지력에 대해서 홉스는 다음과 같이 정의한다.

"나는 천부적인 것이 인간이 태어날 때부터 갖고 있는 것을 의미하는 것이라고 보지 않는다. 그것은 감각 이외의 아무것도 아니기 때문이다. 또 그것은 덕 가운데 포함될 수 없을 뿐만

---

25) *Leviathan*, ch. 5, p.35.

아니라 감각에 있어서 인간은 서로 다르며 야수와도 아주 다르기 때문이다. 그러므로 나는 어떤 방법이나 교양 및 교육 없이 사용과 경험만으로 얻어진 지력을 의미한다. 이 천부의 지력은 주로 신속한 상상(즉 하나의 사고에서 다른 사고로의 빠른 연속)과 어떤 승인된 목표에 대한 확고한 방향이라는 두 가지에 내재한다. 그와 반대로 느린 상상은 보통 지둔(遲鈍), 우둔, 때로는 운동의 느림 또는 움직이기 어려운 것을 표현하는 다른 명사로 불리는 정신의 결함 또는 결점을 이룬다."26)

그리고 홉스는 이러한 신속성의 차이를 "어떤 일을 사랑하고 싫어하든지, 또는 다른 일을 사랑하고 싫어하는 것과 같은 인간 정념의 차이에 의해서 발생한다"27)라고 봄으로써 인간의 모든 능력에 대해 물체론에서 보여주고 있는 입장을 철저히 견지하고 있다. 이는 획득된 지력에 대한 홉스의 설명에도 그대로 적용되고 있다. 이처럼 홉스는 이성적 능력과 상관하는 지력을 감각론에 기초를 둔 정념론에 의거하여 접근함으로써 이성과 권력 및 평화의 상관성 및 그에 따른 논리적 일관성을 체계적으로 구성해 내고 있다.

"내가 어떤 방법과 지도에 의해 획득된 것을 의미하는 획득된 지력에는 이성 이외의 아무것도 존재하지 않는다. 그것은 언어의 올바른 사용에 근거를 둔 것이며 학문을 생기게 한 것이다. … 지력의 상위(相違)의 원인은 정념에 내재한다. 그리

---

26) *Leviathan*, ch. 8, p.56.
27) *Leviathan*, ch. 8, p.57.

고 정념의 상위는 일부는 상이한 체질에서, 그리고 일부는 상이한 교육에서 생긴다. 이러한 상위가 뇌와 안팎의 감각기관의 상태로부터 생긴다면, 인간의 상상과 분별 안에 있는 만큼의 상위가 인간의 시각과 청각 및 다른 감각에도 있을 것이기 때문이다. 그러므로 그것은 정념으로부터 생겨나며, 또 정념은 인간 육체의 상위에서뿐만 아니라 관습과 교육의 상위에 따라서도 달라진다. 대부분 지력의 상위를 발생시키는 정념은 대소간에 주로 권력, 부, 지식 및 명예에 대한 의욕이다. 이 모든 것은 첫 번째, 즉 권력에 대한 의지로 귀착될 수 있다. 그것은 부, 지식 및 명예가 권력의 여러 가지 종류에 지나지 않기 때문이다."[28]

결국 홉스에게 힘 또는 권력에의 의지는 정념의 차이에서 발생하지만 권력 혹은 힘 자체는 기본적으로 목적 달성을 위한 '수단'이다. 홉스는 이 수단으로서의 힘을 다시 '타고난 원천적 힘'과 '수단적 힘'으로 구분한다.

"어떤 사람의 힘이란 어떤 미래에 분명히 선이 될 것으로 보이는 것을 획득하기 위하여 그가 현재 가지고 있는 수단으로 그것은 '원천적'이거나 '수단적'인 것이다. 타고난 힘이란 보통을 넘는 강함이나 용모, 분별력, 기예, 웅변, 활수, 고귀함과 같은 신체나 정신 능력의 우수성을 말한다. 수단적 힘이란 이런 것들이나 운에 의해서 획득되는 힘이며, 부, 명성, 친구 및 인간이 행운이라고 부르는 신의 숨은 조력 등과 같은 것을 더욱 획득하려는 방법과 수단이다."[29]

---

28) *Leviathan*, ch. 8, p.61.

홉스는 이런 힘에의 추구를 인간의 일반적 성향, 즉 인간의 욕망들 중에서 가장 강력한 것으로 파악한다. 이 힘에의 의지는, 홉스에 의하면, "죽음에서만 그치는"[30] 인간의 영속적이고 부단한 의욕의 대상이다.

홉스는 인간의 일반적 성향으로 이 같은 의욕을 갖게 되는 원인을 "인간이 그가 이미 획득한 것보다 더욱 강한 환희를 희망하거나 보통 힘에 반드시 만족할 수 없다는 것이 아니라 그가 현재 가지고 있는 잘살려는 힘과 수단을 더 이상 그것을 획득함이 없이는 확보할 수 없기 때문"[31]이라고 생각한다. 이로부터 홉스는 다음과 같은 사실이 추가적으로 생겨나고 결국 힘에의 끊임없는 추구가 멈추지 않고 이어지게 된다고 본다. 즉, 힘이 가장 큰 왕들은 국내에서는 법에 의하여, 또 국외에서는 전쟁에 의하여 그것을 확보하기 위하여 그들의 노력을 기울이는데, 그것이 다 이루어졌을 때는 새로운 의욕이 뒤따른다. 어떤 자에 있어서는 새로운 정복으로부터의 명성에 대한 의욕이, 다른 자에 있어서는 안락과 육감적 쾌락에 대한 의욕이, 또 어떤 자에 있어서는 어떤 종류의 기예나 다른 정신적 능력에 있어서 탁월함에 대한 칭송 또는 아첨을 받고자 하는 의욕이 일어나게 된다는 것이다.

그런데 홉스는 부나 명예, 지배 또는 다른 힘에 대한 경쟁은 논쟁이나 반목 또는 싸움으로 변하기 쉬운데, 그 이유는 어떤 경쟁

---

29) *Leviathan*, ch. 10, p.74.
30) *Leviathan*, ch. 11, p.85.
31) *Leviathan*, ch. 11, p.86.

자가 그의 의욕을 달성하는 방법이란 상대방을 죽이거나, 복종시키거나, 밀어내거나, 추방하는 식으로 이루어지기 때문이라고 한다.

홉스는 인류가 전통적으로 이런 일반적 경향 속에서 평화와 단결을 이루어 함께 살아가는 노력을 해왔다는 것을 인정하면서, 이런 목적의 달성으로 얻고자 하는 삶의 행복이란 결코 충족된 정신의 휴양 속에 존재하지 않는다는 사실을 분명히 하고 싶어한다. 홉스는 그 이유를 다음과 같이 직설적으로 제시한다.

　　"왜냐하면 옛날의 도덕철학자들의 저서에서 논술된 것처럼 궁극목적(finis ultimus)이나 최고선(summum bonum) 같은 것은 없기 때문이다. 의욕이 목표에 도달한 사람은 그의 감각과 상상력이 정지해 버린 사람과 마찬가지로 더 이상 살 수가 없기 때문이다. 행복이란 하나의 목적에서 다른 목적으로 가는 의욕의 계속적 진행이며, 전자의 획득은 후자로 가는 길에 불과할 뿐이다. 그 원인은 인간 의욕의 목적이 한번만 그리고 한 순간 동안만 향유하는 것이 아니라, 그의 장래의 의욕의 길을 영구히 확보하려는 것이기 때문이다. 그러므로 모든 인간의 자발적 행동과 성향은 만족된 삶을 획득하려는 것일 뿐만 아니라 확보하려는 것이며, 그 방법에 있어서만 다르다. 방법의 차이는 부분적으로는 다양한 인간에 있어서 정념의 다양성에서 또는 의욕된 결과를 가져다주는 여러 가지 원인에 대하여 모든 사람이 갖는 지식이나 의견의 차이에서 일어난다."[32]

---

32) *Leviathan*, ch. 11, p.85.

이러한 인간의 힘에의 부단한 추구라는 일반적 성향을 강조하는 것도 최종적으로는 이와 같은 상호갈등을 일으키는 힘들이 초래하는 반목과 다툼을 해결하기 위해서는 단순히 보다 더 큰 힘에 의지하는 방법은 한 가지 일이 해결된 뒤에 또다시 끊임없이 솟아나는 새로운 의욕에 의해서 잠정적인 평화에만 머물 뿐이어서 온전한 해결책이 되지 못한다는 점을 강조하려는 데 있다고 할 수 있다. 이는 홉스 자신이 국가론에서 겨냥하고 있는 본래의 목적처럼 영구적인 평화의 달성을 위한 모든 분쟁의 완전한 종식에 가장 적합한 수단의 모색으로 이어지게 된다.

3. 인간의 본성과 심리학적 이기주의

전통적으로 홉스의 인간 본성에 관한 견해를 인간의 모든 행동은 이기적인 동기에서 기인한다는 의미의 심리학적 이기주의(Psychological Egoism)와 동일시하는 것을 당연하게 여겨왔다. 이런 평가의 중심에 놓여 있는 것이 홉스가 말하는 욕망 개념이다. 그러나 앞서 살펴본 바와 같이 홉스가 우리에게 제시하고 있는 욕망은 기본적으로 생물학적 개념이다. 그리고 인간의 생물학적 특성에는 이기적 동기로서의 욕망만이 존재하는 것은 아니다. 때문에 홉스의 인간 본성론을 단순히 심리학적 이기주의와 동일시하는 것은 그릇된 이해를 낳기 쉽다.

전통적인 해석들이 심리학적 이기주의를 홉스 철학의 핵심 요소들 중의 하나로 꼽는 이유는 심리학적 이기주의가 인간의 행동에 대한 그의 기계론적 이론으로부터 도출되며, 그것이 또한 그의 정치이론을 특징짓는 유명한 자연 상태 이론의 생생한 전제로 사용되고 있기 때문이다. 그러나 이러한 해석에 대한 도전도 만만치 않다.[33] 이와 같은 해석이 설득력이 있는 몇 가지 이유가 있다.

우선 『리바이어던』을 비롯한 홉스의 여러 저서에는 심리학적 이기주의를 지지해 주는 많은 표현들이 발견된다. 예를 들면 "모든 사람에게 있어서 모든 의지적 행위들의 대상은 그 자신의 선이다."[34] 또는 "인간이 그들의 부정한 행위의 이익과 그들이 형벌로 받는 손해를 비교할 경우, 필연적으로 그들은 그들 자신에게 가장 유리한 것으로 보이는 것을 선택한다."[35] 이런 주장들만을 고려할 경우 홉스를 심리학적 이기주의자로 규정하는 것은 별 무리가 없어 보인다. 그러나 이러한 단편적 진술들을 그 자체가 아

---

33) B. Gert, *Introduction to Thomas Hobbes, Man and Citizen*, Garden City, N.Y.: Doubleday, 1972; "Hobbes and Psychological Egoism", in *Hobbes's Leviathan: Interpretation and Criticism*, (ed.) Bernard Baumrin, Belmont, Calif.: Wadsworth, 1969, pp.107~126; "Hobbes, Mechanism, and Egoism", *Philosophical Quarterly* 15(1965), pp.341~349; F. S. McNeilly, *Anatomy of Leviathan*, ch. 5~6; "Egoism in Hobbes", *Philosophical Quarterly* 16(1966), pp.193~206.

34) *Leviathan*, ch. 15, p.138; ch. 14, p.120; ch. 25, p.241. 또한 *De Cive*, ch. 1, p.5, 10, 12; ch 2, p.19; ch. 6, p.78; ch. 9, p.116. *De Corpore Politico*, ch. 1, p.85; ch. 3, pp.98~99; ch. 4, p.107.

35) *Leviathan*, ch. 27, p.281; ch. 4, p.127. 또한 *De Cive*, p. xvi; ch. 6, p.75; ch. 13, p.180. *Human Nature*, ch. 12, pp.69~70.

니라 체계적 연관 속에서 읽어보면 사정은 달라진다.

원초적 감정으로서의 욕망과 혐오를 다루는 홉스의 생물학적 인간 본성론과 행위론은 그의 심리학적 이기주의를 좀더 조심스럽게 읽어 내지 않으면 안 된다는 것을 보여준다. 앞서 살펴본 홉스의 욕망 이론에 따르면, 각 개인의 의지적 행위는 숙고에 의한 노력의 최종 단계에서 생겨나는 것이기 때문에 그러한 행위가 겨냥하는 목표물은 행위자가 소유하고 있는 욕망의 대상이다. 만일 그와 같은 욕망의 대상이 이를테면 개인의 이익에 국한되는 것이 아니라면 그때의 이기주의란 형식적인 것에 불과한 것이 된다. 왜냐하면 그 경우 우리는 단순히 자신을 위해서 하는 행위는 자신의 이익을 위한 행위라고 말하는 것 이외에 어떠한 세부 규정도 담고 있지 않기 때문이다.

이와 마찬가지로 "어떤 사람의 욕구나 욕망의 대상은 그것이 무엇이든 그는 그것을 선이라 부르고, 증오와 혐오의 대상은 악이라 부른다"[36]라는 홉스의 정의에 따르면, 심리학적 이기주의를 그에게 곧바로 적용하는 것은 무리라 할 수 있다. 왜냐하면 선과 악에 대한 홉스의 정의는 욕망이나 혐오의 대상이 무엇인지에 대해서는 어떠한 제한도 두지 않기 때문이다. 따라서 이런 정의를 일관되게 적용하면, 홉스의 선에 대한 이론으로부터 나오는 결론은 행위자는 자신의 행위의 대상을 선이라 부르게 되며, 이는 전혀 이기주의적인 것이 아니라는 사실이다. 그럼에도 불구하고 홉

---

36) *Leviathan*, ch. 6, p.41.

스의 견해에 대한 이기주의적 해석과 비이기주의적 해석이라는 상반된 평가가 존재하는 것은 무엇 때문인가?

이와 같은 상반된 해석이 가능한 이유를 몇 가지 생각해 볼 수 있다.[37] 첫 번째는 이기주의적 진술을 할 때 홉스는 두 해석이 모두 가능한 애매한 표현, 즉 "~에 대한 선"(good to), "~에게 선"(good unto), "~를 위한 선"(good for)과 같은 표현을 종종 사용한다.[38] 두 번째는 『시민론』에서 홉스가 언급하고 있는 설명과 관련이 있는데, 그는 "어떤 사람이 하는 행동은 그 무엇이든, 그가 그것을 의욕하기 때문에, 그리고 그것이 그의 보존에 실제로 도움이 되거나 최소한 그럴 것이라고 생각하기 때문에 그것을 하는 것이 그에게 선이라고 해서 하는 행동이다"[39]라고 말한다. 여기서 홉스는 행동의 실행으로부터 의지의 행위로, 행위자에게 선으로 생각되는 대상으로 추론을 해나가고 있는데, 이때 그가 "~에 대한 선"(good to)을 이기주의적으로 행위자의 보존을 증진시키는 것으로 봄으로써 오류를 범하고 있음이 분명하다. 그리고 마지막 세 번째로 어떤 사람의 행동을 그 행위자의 욕망과 혐오에 미치는 영향의 총계에 의해서 결정되는 것으로 설명하는 경우를 들 수 있다. 그런데 만일 행위자의 욕망의 대상과 그의 개인적 이익이 혼동될 경우, 이러한 설명은 행위자가 자신이 욕구한 대상을

---

37) Gregory S. Kavka, *Hobbesian Moral and Political Theory*, pp.48~49.
38) *Leviathan*, ch. 15, p.138; *De Corpore Politico*, ch. 3, pp.98~99; *De Cive*, ch. 1, p.12.
39) *De Cive*, ch. 1, p.10.

성취하기 위해서 행동하는 것이 아니라 자신의 개인적 이익이 극대화되는 행위를 하게 될 것이라는 것을 시사한다.

그러나 이상과 같은 이유들 중 어느 것도 홉스가 심리학적 이기주의를 표방하고 있다는 것을 뒷받침해 주는 결정적인 논거가 되지 못한다. 홉스가 자기 생명의 보존으로부터 인간의 행위의 동기를 설명하려 한다고 해서 그것이 이기적 동기에서 하는 행위라고 단정지을 수는 없다. 즉, 심리학적 이기주의가 홉스의 인간 행위에 관한 이론으로부터 직접적으로 도출된다고 보기는 어려우며, 또 홉스의 정치철학의 기초가 되는 핵심적인 전제라고 보기는 더욱 어렵다. 자신의 생존에 도움이 되는 것이 선이며, 그때의 선은 그가 자신의 생존을 어떤 방식으로 파악하느냐에 따라 달라질 것이기 때문이다.

그러나 다른 한편으로 홉스의 도덕 및 정치 이론이 심리학적 이기주의에 의존할 필요가 없으며, 심리학적 이기주의 없이도 홉스 철학의 핵심이 유지될 수 있으며, 또 심리학적 이기주의는 아주 제한된 역할만을 한다고 하는 주장 또한 손쉽게 받아들일 수 있을 것 같지도 않다. 따라서 이와 같은 문제를 전체적으로 고려해 보면, 자신의 생명을 보존한다는 것과 자신의 이익을 위한다는 것 사이에 놓여 있는 편차가 홉스를 심리학적 이기주의자로 간주하는 평가의 정당성을 좌우하게 될 것이다. 그리고 그 관건은 소위 홉스의 심리학적 이기주의가 그의 인간 본성론과 도덕 및 정치 이론 각각에서 맡고 있는 역할에 대한 해명에 달려 있다고 할 수 있다.

우리는 심리학적 이기주의를 그 형식적 규정만을 염두에 둘 때, 인간의 모든 행위를 어떤 식으로든 자기 이익을 위한 행동으로 합리화시킬 수 있는 위력을 갖는다고 볼 수 있다. 그러나 다른 한 편으로 그러한 위력은 그 누구도 설득시킬 수 없는 무력한 것이 되기 쉽다. 가령 자기 이익을 위한 행위 선택은 무엇이 자기 이익인지에 대한 판단에 의존적이다. 또 그러한 의존은 무엇이 자신에게 중요한 것인지에 대한 우리의 지식이나 판단에 또한 의존적이다. 다시 홉스의 견해에 따를 경우 무엇이 중요한 것인지는 자신의 생물학적 욕구에 좌우된다. 그런데 생물학적 요구는 단순히 자신의 생존에 유익한 것을 추구한다는 방향성만을 지시해 주는 것이지 내용과 대상까지 제공하는 것은 아니다. 결국 이것이 구체적인 내용을 갖기 위해서는 다시 그것이 자신에게 이익이 된다고 하는 그러한 생각 혹은 또 다른 욕구가 그 내용이나 대상을 결정하게 될 것이다. 그리고 이는 전과 동일한 과정을 다시 밟게 되며, 이로부터 우리는 이것이 바로 그것이라는 결론에는 결코 도달하지 못한다. 이것이 시사하는 것은 이기적 동기만을 소유한 개인들의 집합은 그들 간에 생길 수 있는 이익들 간의 충돌이나 갈등을 해결할 수 있는 장치를 선행적으로 소유할 수 없다는 것이다. 만일 그런 장치가 필요 없는 경우가 있다면, 그것은 다만 우연적인 결과일 뿐이다.

따라서 이러한 일련의 상황은 어떤 한 사람의 행위를 결정하는 동기에는 이기적 동기 이외에 또 다른 동기의 가능성이 선행적으로 존재하지 않으면 안 된다는 것을 의미한다. 이것은 한 행위의 선택에 있어서 발생적으로는 개인의 이기적 동기가 다른 무엇에 선행한다고 말할 수는 있어도 논리적으로 그렇지 않으며, 오히려 실제로는 다른 동기가 우리의 행위를 결정하는 더 중요한 요인이라고 할 수도 있다. 가령 홉스가 들고 있는 죽음에 대한 인간의 혐오감이라는 동기는 그 좋은 예가 될 것이다. 우리는 이러한 혐오감에서 이루어지는 행위를 통상 이기적 동기에서 선택한 행위라고 말하지 않는다. 그런데 이 혐오감은 홉스의 도덕 및 정치 이론을 이끌어 가는 중요한 요소이다. 그러므로 홉스의 인간 본성론 및 그에 따른 유력한 해석으로서의 심리학적 이기주의를 이러한 관점에서 바라보지 않으면 우리가 그의 실천철학 전반에 대한 하나의 일관된 해석을 제공하기란 불가능할 것 같다.

제 4 장

자연법과 평화의 명법

1. 자연 상태

홉스가 말하는 자연 상태는 공통의 힘이 부재하는, 단적으로 인간의 상호갈등과 분쟁을 도덕적으로 조정할 수 있는 어떠한 수단도 마련되어 있지 않은 도덕 이전의 사회 즉 한마디로 전쟁 상태를 의미한다.

국가론을 매개로 한 홉스의 평화 사상은 이처럼 전쟁에 대한 공포와 불안 속에서 이를 종식시키고 평화를 실현하는 것, 곧 공통의 힘이 존재하고 평화를 영구적으로 지속시킬 수 있는 장치를 마련하는 것을 목표로 하고 있다. 홉스는 그 일을 가장 잘 해낼

수 있는 가능성을 국가의 존재 이유와 목적 및 역할에서 찾아내려 한다. 홉스는 말하기를,

> "인간이 그들 모두를 두렵게 하는 공통의 힘이 없이 사는 때에는 그들은 전쟁이라고 불리는 상태에 있으며, 그러한 전쟁은 만인에 대한 만인의 전쟁인 것이다."[1]

그리고 이런 전쟁 상태에서는

> "어떠한 것도 부정한 것이 될 수 없다. 정(正)과 사(邪), 정의와 부정의라는 관념은 거기에 존재할 여지가 없다. 공통되는 힘이 없는 곳에는 법이 존재하지 않으며, 법이 없는 곳에는 부정도 존재하지 않는다. 폭력과 기만은 전쟁에 있어서 두 개의 기본적 덕이며, 정의와 부정의는 육체나 정신의 어떠한 능력도 아니다."[2]

홉스는 자연 상태를 묘사하기 위해서 직접적으로 인간의 본성에 대한 이론을 전개한다. 거시적으로 볼 때, 형식적 및 이론적 측면에서 홉스의 국가론은 심리학에, 그리고 심리학은 다시 운동론과 물체론을 핵심으로 하는 과학적 유물론에 바탕을 두고 있다. 이는 홉스가 자신의 철학 체계를 기하학과 역학에 입각하여 운동이론을 전개하는 물체론(*De Corpore*), 그 연장선상에서 인간을

---

1) *Leviathan*, ch. 13, pp.112~113.
2) *Leviathan*, ch. 13, p.115.

대상으로 한 생리학과 심리학을 다루는 인간론(*De Homine*), 인공적 물체를 다루고 있는 시민론(*De Cive*) 혹은 국가론의 3부분으로 기획하고, 동시에 물체론의 기본 원리를 인간과 국가에 그대로 적용하고 있는 것과 완전히 일치한다. 그리고 이들 부분과 그 요소들의 상호관계는 연역적이다. 그렇다면 이제 홉스가 상술한 인간론에서 평화 달성의 최상의 수단으로 파악하고 있는 국가에 관한 제 요소들을 도출해 내는 일련의 논리적 과정들을 추적해 볼 때가 되었다.

홉스는 우리가 상식적으로 옹호하고 싶어하는 정치적 해결책, 즉 인간 사이에서 발생하는 문제들에는 우리가 따라야 할 자연스럽고 당연한 사실이 있어서 그것이 곧 우리의 선택의 준거가 된다는 믿음을 철저히 배격함으로써 모든 정치적 문제에 있어서의 자연적 해결을 거부한다. 홉스에게 자연 상태는 특정한 역사적 사실이나 시기, 즉 시간적 제한을 받지 않는 현재나 미래에도 일어날 수 있고 작용될 수 있는 초시간적, 초역사적인 성질의 것이다. 그것은 인간의 본성에 대한 심리학적 추론으로부터 상정한 하나의 논리적 장치요 구성물이며, 인간의 본성을 고려한다면 상당히 불안정한 구성물이다.

홉스 자신은 실제로 '자연 상태'라는 개념을 어디에서도 명료하게 정의 내리고 있지는 않고 있는데, 이 점은 오히려 그 당시 자연 상태라는 개념이 그 세부 규정과 성격 부여에 있어서는 차이가 있었다 하더라도 어느 정도의 일반화된 용어임을 시사한다. 하지만 홉스는 자연 상태가 전쟁 상태라는 것을 증명하기 위해서 명시적으로 기술되고 있는 세 가지 가정과 명시적이지는 않지만 분명히 전제되어 있다고 볼 수 있는 두 가지 가정, 즉 모두 다섯 가지를 가정하고 있다. 이를 순서대로 제시해 보면 다음과 같다.[3]

첫째, 자연적 평등. 자연 상태에서 사람들은 정신적 및 육체적인 면에서 대체로 평등하다. 이런 의미의 평등은 특별히 중요하다. 우선 각 개인은 나머지 다른 누군가의 공격을 받아 목숨을 잃을 수 있다. 그러나 힘이 약한 자들이라 해도 힘이 강한 자들로부터 죽임을 당할 만큼 그렇게 약하지는 않다. 그리고 갈등을 빚고 있을 시에도 한 쪽이 다른 쪽을 완전한 패자로 만들 만큼 사람들 간의 자연적 능력의 차이가 그리 크지 않다.

둘째, 욕망의 충돌. 사람들의 욕망을 모두 충족시켜 줄 수 있을 만큼의 재화가 부족한 데서 그들 상호간의 분쟁이 야기된다. 특히 종종 동일한 것을 한 쪽이 독점하려고 하는 데서 싸움이 일어난다. 게다가 다른 사람을 정복하는 데서 쾌락을 얻고자 하는 명예욕에 사로잡힌 사람들이 있어, 그들이 손에 넣고자 하는 것들을 그들이 지배하려고 하는 사람들이 소유하고 있을 경우, 충돌은 불가피해진다.

---

3) Cf. G. S. Kavka, "Hobbes's War of All against All", in *Thomas Hobbes: Critical Assessments*, Vol. III, (ed.) P. King, London and New York: Routledge, 1993, pp.39~40. (Original: *Ethics*, vol. XCIII, January 1983, pp.291~310)

셋째, **앞을 내다보는 능력.** 조금이라도 합리적인 사람들은 장기적으로 자신들의 안녕에 관심을 갖는다. 그들은 현재의 욕망만이 아니라 미래의 욕망도 만족시키고자 한다.

넷째, **기대되는 이익.** 상호간의 다툼이 벌어질 경우에 일반적으로 성공의 가능성이 높은 쪽에 기대를 건다. 이 기대 심리는 싸움이 일어났을 때 상대적으로 더 유리한 위치에 있기 위해서 먼저 공격할 것인지 나중을 위해 힘을 비축해 둘 것인지를 결정하게 해준다.

다섯째, 제한된 이타주의. 개인은 타인보다 자신의 생존과 안녕에 훨씬 더 높은 가치를 두며, 이에 따라 행동한다. 따라서 어떤 행동이 그 자신의 안전을 가장 잘 보장해 준다고 믿을 경우에는 비록 그것이 타인의 생존과 안녕을 위협하더라도 그는 그러한 행동에 착수한다.

그러나 이처럼 홉스가 묘사하고 있는 자연 상태에 대해서는 다양한 해석과 평가가 제시되어 왔다. 그 중 대표적인 것은 그것은 정부의 성립 이전의 인간의 존재 방식, 혹은 인간적 조건이 드러나는 실제 현실을 이해하기 위해서 합리적으로 고안된 단순한 구성물이라는 주장이다. 가장 유력한 이와 같은 해석은 홉스가 말하는 자연 상태가 현실적 문제들을 이해하고 해결하는 데 가장 적절하다고 생각해서 고안해 낸 하나의 가설이요 이론적 장치라는 점을 강조한다.

하지만 상술한 카브카의 해석과 홉스의 서술을 통해서 재구성해 볼 때, 가장 무난하다고 생각되는 특징으로 네 가지 정도를 지적해 볼 수 있다.4)

첫째, 자연 상태는 만인에 대한 만인의 끊임없는 전쟁 상황이다. 모든 사람에 대한 전면적인 전쟁은 인간이 경험할 수 있는 최고의 악임에 틀림없다.

둘째, 자연 상태에서 모든 사람은 모든 사물에 대해 동등한 권리를 가지고 있다. 다시 말해 모든 사람은 자신의 보호를 위해 필요하다고 생각하는 것은 무엇이나 할 수 있다. 그러나 실제로 자기 보호를 위한 수단을 누구라도 영원히 소유할 수는 없다. 왜냐하면 다른 사람이 그 자신의 보호를 위해 동일한 수단을 필요로 할 수 있기 때문이다. 따라서 자연 상태에서는 사적 소유가 불가능하며, 영원한 '나의 것'과 '너의 것'이 있을 수 없다.

셋째, 자연 상태에서만 실질적으로 절대적 자유와 자연권이 보장된다. 모든 개인들이 자기 보호를 위해 행사할 수 있는 자유와 권리를 제한할 수 있는 것은 아무것도 없기 때문이다.

---

4) 김용환, 『홉스의 사회·정치철학』, p.153.

넷째, 자연 상태는 공통의 통치권이 없는 무정부 상태와 동일 선상에 있다. 지배와 복종, 통치자와 피통치자의 관계가 아직 설정되지 않은 상태이며, 이런 상황에서는 정의와 부정의, 옳음과 그름을 판단할 수 있는 객관적인 기준이란 있을 수 없다. 오직 저항할 수 없는 힘만이 정의를 보장해 주며, 사적인 판단만이 믿을 만한 행동의 기준이 된다.

이상과 같은 자연 상태에 대한 서술적 묘사를 염두에 두면서 몇 가지 특징들을 좀더 상론해 보자. 우선 홉스는 인간을 개체적인 존재, 타인으로부터 존재론적으로 고립된 존재로 본다. 말하자면 홉스는 인간이 본성적으로 사회적이고 정치적 존재라는 명제를 부정한다. 그는 인간이 사회를 만드는 것은 본성상 사회를 추구하는 존재라서가 아니라 모종의 명예나 사회로부터 얻는 이익 때문이라고 생각한다.[5] 그가 자연 상태의 인간을 이렇게 묘사하고 있는 이유는 운동으로부터 설명되는 그의 정념론이 갖는 성격, 즉 각 개인의 고유한 정념 운동으로부터의 논리적 귀결이자 역으로 그것이 자연 상태로부터 도출하게 될 정치이론의 성격을 결정 짓는다는 데서 찾을 수 있다.

홉스는 전통적 의미에서의 도덕적 가치와 목적, 즉 최고선을 부정한다. 홉스의 도덕 및 정치 이론 속에는 그런 가치가 들어설 자리가 아예 존재할 수가 없다. 그러나 홉스는 역설적이게도 최대의

---

5) *De Cive*, ch. 1, p.3.

악은 인정하고 있다. 이런 태도는 일관성을 상실한 것으로 보인다. 홉스의 인간론을 충실히 따른다고 해도 최고의 선이 존재하지 않는다면 마찬가지로 최대의 악도 존재하지 않아야 한다. 홉스는 다음과 같이 적고 있다.

> "인간의 욕망과 기타 정념들은 그 자체로는 죄가 아니다. 그러한 정념에서 생기는 행동도 그것들을 금하는 법을 그들이 알 때까지는 죄가 아니다. 그들은 법률이 만들어질 때까지는 법을 알 수 없다. 그들이 법을 만들 인격에 관해서 합의할 때까지는 어떠한 법도 만들어질 수 없다."[6]

그럼에도 불구하고 홉스는 그가 인간 본성의 성악설을 주창한 자로 알려져 있듯이 자연 상태에서의 인간의 모습을 부정적으로 그려내고 있다. 논리적으로 일관성을 유지한다면, 선과 악 사이에서 고뇌하는 인간의 도덕적 딜레마에서 중립적인 입장을 취하는 것이 옳은 것으로 보인다.

그런데 정치적 제도가 존재하지 않는 상태에서 인간이 자연적으로 선이나 악으로 귀착될 수 있는 가능성은 논리적으로 허용되어야 함에도 불구하고 그가 선을 거부하고 악은 인정한다는 것은 정치적 해결의 필요성과 당위성을 강조한 데서, 다시 말하면 결론의 정당성을 옹호하기 위해 특정한 전제를 가정할 수밖에 없었던 형식적 일관성에 얽매어 있었기 때문이라 볼 수 있다. 소위 자연

---

6) *Leviathan*, ch. 13, p.114.

상태에서의 인간의 격정, 즉 자연인의 공격적 성향으로부터 선행적으로 도덕적 비가치로서의 악을 전제한다는 것은 아무리 계약의 실효성을 위해 강력한 강제력이 요청된다 하더라도 그로부터 추론되는 일체의 결론을 무력하게 만들 소지가 있다. 이런 위험은 자연법에 대한 홉스의 입장에 의해서 더욱 두드러진다.

그럼에도 불구하고 홉스가 악을 강조한 것은 선보다는 악이 발생할 수 있는 인간이 처해 있는 심리적 및 자연적 조건들에 주목하고 이로부터 악의 발생 가능성을 불가피한 것으로 본 데서 연유한다. 다시 말해서 홉스의 이런 시각은 인간의 심리적 본성이 단순히 심리적인 갈등의 원천이기만 한 것이 아니라 인간이 처해 있는 자연적 조건들 또한 인간의 행위에 영향을 미치는데, 이런 조건들이 자연 상태에서는 인간을 선이 아닌 악으로 몰고 가는 중요한 요인들이라는 점에서 그와 같은 부정적 해석은 해소될 수 있다. 이제 이런 점들을 상론해 보자.

실제로 자연 상태에서의 인간의 모습을 부정적으로 묘사하고 있지만, 그 어디에서도 홉스가 단정적으로 인간의 본성을 악하다고 말한 대목은 없다. 오히려 홉스는 분명하게 인간은 천성적으로 악한 존재가 아니라고 진술하고 있다.[7] 진실로 홉스가 말하려 했던 것은 인간은 천성적으로 격정적인 존재라는 점이다. 때문에 안전의 수단이 확보되어 있지 못한 (자연) 상태에서 인간은 천성적으로 빈번한 공포의 희생양이 되어 버린다. 외적 조건과 상호 불

---

7) *De Cive*, p. xvi.

안 상태에 놓여 있는 인간들에게 이런 상태의 지속이란 곧 파국, 즉 전쟁으로 치닫게 될 것이라는 것이 또한 홉스가 바라보는 자연 상태의 인간의 모습이었다.

그러나 이런 공포심이 역으로 홉스가 보기에는 인간을 사회 속에서 살도록 만들어주는 동기로 작용한다. 홉스는 다음과 같이 적고 있다.

> "위대한 그리고 존속하는 모든 사회들의 기원은 인간이 서로에 대해서 갖고 있는 상호간의 선한 의지가 아니라 서로에 대해서 가지는 상호 공포에 있다."8)

또한 홉스는 다른 한편으로 인간을 합리적인 존재로 묘사한다. 홉스가 그리고 있는 자연 상태 속의 인간은 무엇보다도 자신에게 무엇이 이익이고 손해인지를 잘 계산하고 적절한 선택을 할 줄 아는 합리적 존재이다. 또 힘이 약한 자는 힘센 자에게 손쉬운 공격의 대상이 될 수 있고, 또 반대로 강자도 그가 잠들어 있을 때 약자에게 죽임을 당할 수도 있을 만큼 자연 상태의 인간들은 서로의 공격에 취약하다는 것을 알 수 있다. 그리고 이런 상황 속에 있는 인간이란 근본적으로 불안과 공포를 느끼는데, 이들이 불안을 느끼는 것은 또한 그들이 그런 상황이 야기하는 원인과 결과, 시간의 추이에 대한 감지와 같은 능력을 갖고 있기 때문이다.

이런 상태에 있는 인간을 홉스는 항상 자신의 미래를 걱정하는

---

8) *De Cive*, ch. 1, p.6.

인간으로 묘사하고 있다. 이는 곧 현재의 자신의 생존을 위해서 필요한 것을 획득한다고 해도 그것이 안전하다는 확신을 줄 수 없다는 것을 그가 알 수 있다는 것을 의미한다. 좀더 확실한 안전장치가 없는 한 그의 불안감은 그치질 않는다. 이런 상황에서 각자에게 타인은 위협적인 존재로 보이며, 결국 서로에게 그들은 위험 인물이다. 홉스는 이것이 인간이 도덕적인 결함을 지닌 존재여서 생기는 현상이라고 보지는 않는다. 홉스 역시 인간이 원죄를 지었다는 것을 부인하는 데 주저하긴 하지만, 자연 상태의 불행은 원죄로 고통을 겪는 사람이 아니라 불안을 느끼는 사람들에게 일어나는 고통이다. 홉스가 말하는 도덕법 즉 자연법에 대한 어떠한 지식도 이런 상태를 직접적으로 개선시키지 못한다. 결국 홉스는 자연 상태하에 있는 인간의 조건들로 인간 능력의 신체적 및 정신적 평등, 자연적 재화의 부족, 죽음에 대한 공포 등을 들고 있다.

그런데 홉스에 의하면, 자연 상태에서도 인간은 자신을 보호할 자연권과 자연적 의무를 소유한다. 그리고 이러한 권리는 누구에게나 있는 평등한 권리이다. 그 누구도 내가 갖고 있는 권리보다 더 큰 권리를 갖지 못한다. 타인으로부터 자신을 지켜줄 법적인 안전장치가 부재한 상태에서는 만인은 모든 것에 대해서 동일한 권리를 갖고 있다. 즉, 타인을 위해 그것들을 양도하거나 포기할 의무란 없는 것이다. 이와 같은 평등한 권리는 동시에 대체로 능력의 평등과 결부되어 있다.

"자연은 인간을 신체와 정신 능력에 있어서 평등하게 창조했다. 예컨대, 때때로 어떤 사람이 다른 사람보다도 신체면에서 분명히 더욱 강하거나 더 기민한 정신을 소유하고 있는 것이 발견될지라도, 모든 것을 합하여 평가한다면 인간과 인간 사이의 차이란, 어떤 다른 사람이 그에 대해서 자기 자신과 마찬가지로 주장할 수 없는 어떤 이익을 갖는다고 말할 수 있을 만큼 큰 것이 아니다. 왜냐하면 신체의 강함에서 본다면, 가장 약한 사람은 음모나 자신과 같은 위험에 빠져 있는 타인들과 공모함으로써 가장 강한 자를 죽이기에 충분한 힘을 가지고 있기 때문이다. 그리고 정신 능력에 관해서 본다면 나는 힘의 경우보다도 더욱 큰 인간 사이의 평등을 발견한다."[9]

나아가 이와 같은 능력의 평등은 우리가 각자로 하여금 자신이 원하는 것을 얻을 수 있으리라는 희망을 갖도록 만들어주며, 결국 희망의 평등을 낳고, 이는 다시 자신의 목표를 달성하는 과정에서 상호불신을 초래하며, 이 상호불신으로부터 자신을 지키기 위해서 최선의 방어로서 선제 공격을 하고, 이의 악순환은 결국 인간을 불행하게 만드는 전쟁으로 귀착된다.

홉스는 이처럼 우리 각자가 타인에게 해를 가할 수 있는 존재이기 때문에 각 개인은 다른 모든 사람에게 잠재적인 위협이 되고, 결국 전쟁 상태에 돌입할 수밖에 없게 된다. 홉스는 이러한 분쟁의 심리적 원인으로 타인에 대한 경쟁(competition), 자신 없음(diffidence), 명예(glory) 세 가지를 들고 있다. 그런데 이런 심리적 조건에 더하여 인간이 기본적으로 필요로 하는 재화의 부족

---

9) *Leviathan*, ch. 13, p.110.

을 인간이 처해 있는 외적 조건으로 상정한다. 이와 같은 것들이 인간 상호간의 관계를 죽음과 공포, 한마디로 악이 지배하는 상태로 치닫게 만드는 조건들이다.

> "인간의 본성에서 우리는 세 가지 주요한 분쟁의 원인을 발견한다. 첫째는 경쟁이고, 둘째는 자신 없음이며, 셋째는 명예이다. 첫째는 인간으로 하여금 목표물을 얻기 위하여 침략하게 만들며, 둘째는 안전을 위하여, 셋째는 명성을 얻기 위하여 그렇게 만드는 것이다. 첫째는 그들 스스로를 타인의 인격, 부인, 자녀와 가축의 지배자로 만들기 위하여 폭력을 사용한다. 둘째는 그들을 방어하기 위하여, 셋째는 한마디 말이나 하나의 웃음, 그리고 상이한 의견과 과소평가의 어떤 징후 같은 사소한 것들 때문에 그렇게 하는 것이다. 이런 경우 직접적으로 자기 일신에 관한 것이나 간접적으로는 자기의 친구나 친지, 국민, 직업 및 가문에 관계되는 것이다. 이로써 다음과 같은 것이 분명해진다. 즉, 인간이 그들 모두를 두렵게 하는 공통의 힘이 없이 사는 때에는 그들은 전쟁이라고 불리는 상태에 있으며, 그러한 전쟁은 만인에 대한 만인의 전쟁인 것이다."10)

이 중에서 경쟁심은 인간의 생존에 필요한 물질적 조건과 관계가 깊다. 홉스가 말하는 자연 상태는 기본적으로 재화가 부족한 상태이다. 너와 내가 같은 음식을 원하고 또 설사 다른 음식을 원한다 해도 두 사람 모두가 만족할 만큼 충분히 먹을 수 있는 음식을 원하고, 또한 장래에도 이런 욕구가 지속적으로 확보되기를

---

10) *Leviathan*, ch. 13, pp.112~113.

원할 것이기 때문에 부족한 재화는 이를 만족시켜 주지 못한다. 따라서 어떤 두 사람이 같은 것을 의욕하고 그럼에도 불구하고 둘 다 그것을 향유할 수 없다면, 그들은 적이 된다. 그리고 그들의 목표를 달성하는 과정에서 서로를 멸망시키거나 굴복시키려고 노력하게 된다. 그 결과 그들은 서로 또는 다른 상대자로부터 노동의 산물이나 자유, 심지어 생명을 박탈하고 약탈하는 상태에 이르게 된다. 이것이 상호경쟁과 능력의 평등으로부터 야기되는 상호불신의 종말이다.

홉스는 이처럼 각자가 서로를 제압할 수 있는 상태에 놓여 있는 자들 간의 "상호불신으로부터 자신을 지키는 데 있어서 선수를 치는 것만큼 적절한 방법은 없다"[11]고 생각한다. 즉 폭력이나 간계에 의해서 그를 위태롭게 하는 데 충분한 다른 힘과 맞닥뜨릴 때까지 그가 할 수 있는 한 많은 사람들을 지배하는 것이 최선이라는 것이다. 그리고 홉스는 이것은 자신의 보존을 위해 필요한 것으로서 일반적으로 허용되는 것이라고 보고 있다. 경우에 따라서는 자신의 안전을 위해 필요한 것 이상으로 추구하는 정복 행위를 통해 자신의 힘을 관조하며 기쁨을 느끼는 자들도 있는데, 그들은 안락을 즐기려는 사람을 침략하여 자신들의 힘을 증대하는 것이 곧 더 오래 생존하는 것으로 느끼는 자들이다.

더욱이 홉스는 이러한 행위들을 좋다 나쁘다는 판단을 떠나 인간이 자연 상태에서 저지를 수 있는 자연적 반응들로 파악하고

---

11) *Leviathan*, ch. 13, p.111.

있다. 따라서 홉스는 그런 상황에서 "[다른] 인간에 대한 지배의 증대는 인간의 [자기] 보존에 필요한 것이기 때문에 그것은 인간에게 허용되어야 한다"[12]라고 말하고 있다. 심지어 홉스는 인간이란 다른 사람들을 위압할 수 있는 힘이 없으면 친구를 사귀는 기쁨도 갖지 못한다고 보고 있다. 인간이란 자기가 자신에게 하는 정도로 그의 친구들이 자신을 평가해 주기를 바라기 때문인데, 경멸이나 과소평가의 낌새가 뚜렷해지면 자연히 그는 자신을 경멸하는 자에게 손해를 끼쳐 그리고 타인들에게는 본보기를 보여줌으로써 자신에 대한 더 높은 평가를 얻어내기 위해 노력하는데, 홉스는 인간들의 "이런 노력은 그들을 압도하는 공통의 힘이 존재하지 않는 가운데서는 그들 서로를 멸망시키기에 충분하다"[13]고 말하고 있다.

공통의 힘이 없는 곳, 즉 전쟁 상태로서의 자연 상태에서는 법도 정의도, 옳고 그름도 존재하지 않는다. 실제적인 전쟁이 벌어지든 그렇지 않든 그런 상태에서의 전쟁은 "만인에 대한 만인의 전쟁"이다. 더욱이 전쟁이란 전투나 싸우는 행동에만 존재하는 것이 아니고, 전투에 의해 싸우고자 하는 의지가 충분히 알려진 기간에도 존재하는 것이다. 홉스는 이런 전쟁 상태가 결코 존재하지 않았다고 생각하는 사람들을 염두에 두면서 다음과 같이 쓰고 있다.

"나는 [전쟁 시대나 전쟁 상태라는 것이] 전 세계에 걸쳐 일

---

12) *Leviathan*, ch. 13, p.112.
13) *Leviathan*, ch. 13, p.112.

반적으로 그러했다는 것이 결코 아니다. 그러나 인간들이 그렇게 사는 곳이 지금도 많이 있다. 아메리카의 많은 지역에 있는 야만족은 그곳에서의 조화가 자연적 정욕에 의존하는 작은 가족들의 통치를 제외하고는 전혀 통치를 가지고 있지 않으며, 내가 앞서 말한 것처럼 잔인한 방식으로 오늘날도 살고 있다. 어떻든 간에 두려워할 공통의 힘이 없는 곳에서 어떤 방식의 삶이 있을 것인가, 이전에 평화로운 통치 밑에서 살았던 사람들이 내란 속에서 항상 퇴보했던 생활방식에 의해서 엿볼 수 있을 것이다. 그러나 개개의 인간들이 서로 전쟁 상태에 있었던 시대가 결코 존재하지 않았다고 할지라도, 모든 시대에 있어서 왕과 주권자는 그들의 독립성 때문에 계속 전투의 상태에 있으며, 서로가 무기를 겨누고 눈을 떼지 않는 검투사의 상태와 모습을 지니고 있다. 즉, 그들 왕국의 국경에 요새, 수비병과 총포, 인접국에 계속적으로 보내는 간첩, 이것들은 바로 전쟁 태세인 것이다. 그러나 이렇게 함으로써 그들 신민의 근로를 유지하기 때문에, 개개의 인간들의 자유에 따르는 비참은 그것으로 생기지 않는다."14)

그리고 홉스는 모든 사람이 모든 사람에 대해 적이 되어 있는 이런 상태에서의 인간의 삶을 다음과 같이 비극적인 어조로 묘사하고 있다.

"무엇보다도 나쁜 것은 계속적인 공포와 폭력에 의한 죽음에 대한 공포이며, 인간의 생활은 고독하고 가난하고 험악하며 잔인하고 짧다."15)

---

14) *Leviathan*, ch. 13, pp.114∼115.

그러나 다른 한편으로 이런 공포심은 인간을 전쟁이 아닌 평화를 도모하게 만들기도 한다. 홉스는 경쟁심, 상호불신, 명예욕과 같은 인간 본성에 있는 주요 분쟁 원인들이 인간을 전쟁 상태에 처하게 만들지만, 그럼에도 불구하고 일부는 정념에 또 다른 일부는 인간의 이성에 의해서 이런 상태로부터 빠져나올 수 있는 가능성이 있다고 말한다.

> "인간을 평화로 지향케 하는 정념은 죽음에 대한 공포나 편리한 생활에 필요한 것들에 대한 의욕이며, 그들의 근로에 의해서 그것들을 획득하려는 희망이다. 그리고 이성은 인간들이 동의에 이를 수 있는 적절한 조항을 시사한다. 이러한 조항들은 자연법이라고 불린다."16)

홉스는 여기서 자연 상태라는 일종의 가설을 평화라는 더욱 실제적인 목적과 결부시키고 있음을 알 수 있다. 다시 말해 자연 상태는 어느 정도 현실적 가능성을 담고 있지만, 그럼에도 그 자체로는 논리적 가설이라는 성격을 전적으로 배제하기는 어렵다. 한편으로 그것은 최소한 국가와 법이 지배하지 않는 사회란 기본적으로 끊임없는 갈등과 전쟁으로부터 완전히 자유로울 수 없으며, 다른 한편으로 이런 상태의 완전한 종식을 갈망하는 평화에의 추구 또한 인간의 피할 수 없는 정념임을 보여주기 위한 방법론적

---

15) *Leviathan*, ch. 13, p.113.
16) *Leviathan*, ch. 13, p.116.

장치가 다름 아닌 홉스의 자연 상태론이 갖는 가장 중요한 특징
이라 할 수 있다.

더욱이 홉스가 자연 상태를 통해 묘사해 놓은 인간의 모습은
그의 인간 이해의 전모를 가장 극명하게 보여준다. 그러나 이와
같은 서양의 철학사 및 정치철학사에서 유례를 찾아보기 어려운
어둡고 부정적인 인간상의 소묘에도 불구하고 홉스의 인간 이해
는 중요한 역사적 일보를 내딛는다. 다음과 같은 평가가 이를 잘
나타내고 있다.

> "홉스는 원자론적 인간관과 사회관을 근세에서 가장 명백히
> 주장한 정치철학자이다. 그가 『리바이어던』에서 묘사한 인간
> 은, 중세 천 년 동안 당연시되었던 신의 피조물로서의 인간이
> 아니라 바로 그 신의 질곡으로부터 해방된 인간이다. 그 인간
> 은 기독교의 신앙과 도덕의 구속에서 해방된 인간이다. 그리고
> 신앙과 도덕에서 해방된 이성보다 감성과 본능의 인간이다."[17]

홉스는 자연 상태라는 논리적 장치를 상정하고 이로부터 국가
의 필연성을 강력하게 옹호하는 결론을 도출하기 위해서 자연 상
태에 놓여 있는 인간의 조건을 단순화시켜 놓았다. 그것이 바로
인간의 자연권이다. 홉스는 자기 보존의 본능을 소유한 인간에게
자연권을 부여하고 이 자연권의 절대성으로부터 평화 실현을 위
한 장치로서의 홉스적 국가의 필요성을 정당화하는 출발점으로

---

17) 최상용, 『평화의 정치사상』, 나남, 1997, p.148.

삼는다.

그러나 또한 홉스는 상술한 인용문에 나타나 있듯이 전쟁에서 평화에로의 가능성 및 그 실현을 위한 또 하나의 장치를 도입하는데, 자연법이 바로 그것이다. 근대 자연법론자들이 정치 권력 및 국가의 기원과 토대를 자연법에 의거하여 설명하면서 그들이 공유하고 있는 출발점이 바로 자연 상태 이론인데, 홉스 역시 이로부터 출발하고 있으며, 이때 그에게 자연법은 기본적으로 자연 상태에서도 유의미한 행위의 원칙이며, 무엇보다도 인간의 기본적 권리로서 부가되어 있는 자연권과 더불어 홉스의 평화 사상을 조망하는 열쇠라 할 수 있다.

자연법은 홉스의 평화 사상에 있어서 절대적인 비중을 차지한다. 그런데 다음절에서 제시하겠지만 홉스가 이 자연법을 인간 이성의 명령으로 파악하고 그 핵심 내용을 평화의 추구로 파악할 수 있었던 단초는 이미 이 자연 상태 개념에 고스란히 내포되어 있다. 자연 상태에 대한 홉스의 묘사에서 등장하는 자연은 그 자체의 질서와 조화를 이루고 있는, 이름하여 전통적 의미의 목적적 자연이 아니다. 홉스의 자연에는 선행하는 질서와 조화란 존재하지 않는다. 그것은 기본적으로 무질서와 혼란의 세계라 할 수 있다. 때문에 이제 이런 세계에 인위적인 질서를 부여하는 노력이 필요하다. 그리고 어떤 방식으로 어떤 종류의 질서를 부여할 것인지를 결정하지 않으면 안 된다. 그 일을 맡은 주인공이 바로 홉스의 인간이다. 그리고 이 인간에게 하나의 행위의 척도를 제공해주는 것이 인간 스스로 발견한 이성법으로서의 자연법이다.

2. 자연권과 자연법

1) 근대 자연법론

홉스의 자연권과 자연법은 그로 하여금 전통적으로 누려온 도덕과 정치의 관계를 새롭게 설정하게 만든 가장 중요한 개념이다. 홉스의 평화 개념이 이성의 명령으로서의 자연법에 기초를 두고 있지만, 그것이 방법적인 면에서 홉스에 고유한 특징을 갖게 되는 것도 자연권과 자연법의 상호관계와 그 특수성에서 비롯되기 때문이다. 특히 정치적 권력의 기원과 토대 문제에 접근하는 방법은 크게 아리스토텔레스적 모델과 자연법 모델로 구분할 수 있는데, 후자의 접근법을 최초로 체계적으로 도입한 인물로 다름 아닌 홉스를 꼽을 수 있다.[18] 그만큼 홉스가 근대 이후의 정치철학 및 자연법론의 역사적 전개 과정에서 차지하는 비중은 상당히 크다 할 수 있다.

전통적으로 그리고 역사적으로 자연법 사상은 도덕과 정치의 현실 연관성 및 개념적 매개를 가능하게 했던 실천철학의 핵심 주제였다. 17, 18세기에 근대 자연법 이론들의 등장 및 발전과 함께 법과 도덕이 현재와 같은 방식으로 구별되고, 이와 상관하여 도덕과 정치의 관계와 위상에 새로운 변화가 정착되기 전까지 자

---

18) 이와 같은 정치적 권력의 기원과 토대에 관한 해석 모델은 보비오의 견해이다. Cf. N. Bobbio, *Thomas Hobbes and The Natural Law Tradition*, pp. viii~ix, 1~10.

연법 사상은 인간의 실천적 행위 전반에 걸쳐 그 정당성을 평가하는 핵심적인 역할을 해왔다.

무엇보다도 근대의 자연법은 '세속적 자연법', '이성법'으로 불리기도 하는데, 이런 명칭 자체가 이미 근대 자연법이 더욱 인간중심적 면모를 강하게 갖는다는 것을 암시해 준다. 즉, 근대 자연법 사상은 개인적 및 사회적 전 영역에서 펼쳐지는 인간의 삶의 질서를 아퀴나스가 확립해 놓은 바와 같이 신법, 영원법 등 형이상학적 근원에 뿌리를 둔 우주적 질서 내지는 신적 이성으로부터가 아니라 오로지 인간 자신의 본질 규정으로서 인간의 이성 자체로부터 근거지으려는 특징을 보여준다.

이와 함께 실질적으로 일어난 변화들 중에서 가장 주목할 것은 전과 비교할 때 근대 자연법의 등장이 극심한 정치적 변혁기라는 역사적 현실과 더불어 성장하면서 법에 있어서 실정성(實定性) 개념에 독자적인 의미를 부여하게 되었다는 점이다. 이러한 변화와 더불어 이전의 자연법적 전통과 비교했을 때 근대 자연법 이론이 갖는 가장 일반적 특징으로는 그것이 "부정적 의미에 있어서는 자연법이 법으로서의 성격을 잃어 가는 과정으로 풀이되며, 긍정적 의미에 있어서는 자연법이 실정화(實定化) 내지 실정법화(實定法化)되는 과정으로 풀이된다"[19]라는 점을 들 수 있다.

이와 같은 중요한 변화가 시사하는 역사적 의의는 근대 정신과 그 전개 과정을 이해하는 데 중요한 열쇠라 할 수 있다. 앞서 언

---

19) 박은정, 『자연법사상』, 민음사, 1987, p.27.

급한 근대 자연법의 일반적 특징이 시사하듯이 인간의 실천적 행위 영역에서도 근대 자연법 사상은 인간의 실천적 행위들을 신적 합리성 혹은 스콜라적 합리성이 아니라 인간적 합리성 혹은 인식적 합리성이라는 잣대로 결정 내지는 판단하려는 근대적 인간관 전반의 경향과 궤를 함께 한다. 이제 그들은 인간의 윤리적 행위의 정당성 기준을 신적 이성과 권위가 아니라 인간적 이성과 권위에 의해서 평가하고자 한다.

자연은 기계론적 법칙에 따라서 운동한다는 근대의 자연과학적 자연관 역시 인간중심적 태도와 더불어 자연을 바라보는 관점에 근본적인 변화를 가져왔다. 전체적으로 볼 때 아리스토텔레스 및 스콜라철학적 전통에 뿌리를 두고 있던 목적적 자연 개념으로부터의 이탈이라는 근대 사유 세계의 흐름은 아퀴나스가 더욱 분명하게 확립해 놓았던 신법, 영원법, 자연법, 인정법 등 기독교 자연법의 전통의 와해를 의미한다. 비록 스콜라철학이 근대 초기의 자연법론자들에게 완전히 배척을 당했던 것은 아니라 할지라도, 이처럼 전통적 자연관과 대결하면서 점차적으로 승리를 거두게 되는 기계론적 자연관과 함께 실천의 영역에서는 자연 상태라는 논리적 장치를 동원해서 목적을 상실한 자연을 대신해서 그 자리를 대신해 줄 새로운 질서를 위한 노력들이 등장한다.

홉스 역시 이러한 시대적 흐름 속에서 선도적인 위치를 차지한다. 그러나 홉스가 근대 자연법론의 등장과 전개 과정에서 차지하고 있는 비중과 역할은 근대 자연법론자들과 그 전반적인 특징들을 대체로 공유하고 있지만 그럼에도 그는 주목할 만한 독특한 입장을 견지하고 있다. 특히 홉스가 자연법을 자신의 철학 체계의 중심 개념으로 설정하면서 전개시킨 논의들은 동시대는 물론 그 이후의 자연법 사상에 직·간접으로 많은 영향을 미쳤다. 자연법 사가들은 17세기 주요 자연법 이론가들로 『리바이어던』 저자인 홉스를 포함하여 그로티우스, 스피노자, 푸펜도르프(Pufendorf) 네 명을 들고 있다.[20]

그러나 다른 한편으로 홉스의 법 개념은 단순히 자연법적 전통에 전적으로 귀속시킬 수 없는, 즉 19세기 이후의 법실증주의의 원천으로 간주되기도 한다. 그런데 법실증주의는 근본적으로 자연법론과 대립하는 이론적 전통에 서 있다. 그렇다면 자연법사가들의 평가에도 불구하고 어떻게 해서 홉스는 서로 대립하는 두 전통에 동시에 속할 수 있는 것일까? 뒤에서 이 문제를 다시 다루겠지만, 홉스의 자연법 이론의 이와 같은 위상이 그의 자연법 이론이 지니고 있는 성격과 특징을 단적으로 암시하고 있다고 할 수 있다.

2) 홉스의 자연권과 자연법 개념

홉스에 의하면 자연 상태에서의 인간은 원자적 개인이다. 또 그러한 개인은 원칙적으로 똑같은 자기 보존의 욕망을 소유하고 있는 존재이다. 근대적 사유가 갖는 특징을 단적으로 보여주고 있는

---

20) N. Bobbio, *Thomas Hobbes and The Natural Law Tradition*, p.114.

이 자연 상태 개념은 자연법에 대한 변화된 인식을 예고하고 있을 뿐만 아니라 홉스 당대에 이미 널리 지지받고 있던 자기 보존의 욕망과 결부된 자연권 개념이라는 오늘에 이르기까지 현대인의 가치관을 지배하고 있는 역사적 개념의 등장 또한 예고하고 있다.

홉스는 권리라는 용어를 특수한 의미로 사용한다. 홉스가 말하는 자연권은 인간이 자신의 생명을 유지하기 위해서 자신이 원하는 바에 따라서 자신의 능력을 사용하는 인간의 자유(liberty)를 뜻한다. 홉스는 이 자유를 기본적으로 외적인 장해가 없는 것으로 이해한다. 또 이러한 의미의 자연권은 개인의 자기 보존의 본능에서 나오는 것으로서 자신의 생명을 보존하기 위해서는 무엇이라도 할 수 있는 자유야말로 인간에게 생래적으로 부여되어 있는 이기적인 자기중심적 권리이다. 이러한 권리에는 기본적으로 재산권 혹은 소유권도 포함된다.

홉스는 자연권을 다음과 같이 정의한다.

> "자연권(jus naturale; right of nature)은 모든 사람이 그 자신의 본성, 즉 그 자신의 생명의 보존을 위해 스스로 원하는 대로 그 자신의 힘을 사용하기 위해 갖는 자유이다. 따라서 그 자신의 판단과 이성 안에서 가장 적합한 수단이라고 생각하는 어떤 일을 행하는 자유이다."[21]

---

21) *Leviathan*, ch. 14, p.116.

"모든 사람이 자신이 소유하고 있는 힘을 가지고서 그 자신의 생명(life)과 사지(limbs)를 보존할 수 있는 것이 자연권이다."[22]

이처럼 홉스의 자연권은 원자적 개체로서의 개별 인간이 독립적으로 소유하고 있는 무제한적 권리이다. 또 자기 생명을 보호하기 위한 수단으로 자신이 가진 힘과 권력을 전적으로 자신을 위해 최대한 사용할 수 있는 자유를 의미한다.

결국 홉스가 내린 자연권에 대한 정의는 주목할 만한 세 가지 요소로 이루어져 있음을 알 수 있다. 자유, 자기 보호, 힘의 행사가 그것이다. 여기서의 자유는 '천부적 자유'(natural liberty)를 의미하며, 자연권의 본질적 속성을 이루는 부분이다. 자유가 없는 권리란 무의미한 말장난에 불과하다. 그래서 권리와 자유는 불가분의 관계에 있는 상호의존적인 개념들이다. 자기 보호는 권리와 자유를 행사함으로써 성취하고자 하는 궁극적 목적이며 힘의 행사는 그 목적을 성취하기 위한 수단을 의미한다.[23]

그러나 이러한 의미의 자연권은 그것이 나 혼자만이 소유하고 있는 권리라면 아무런 문제도 없지만, 모든 사람이 자기가 좋아하는 대로 어떤 일을 행할 수도 있는 이런 권리를 똑같이 보유하고 있을 경우에 그것은, 홉스에 의하면, 모든 인간을 전쟁 상태로 몰고 가게 된다. 따라서 이런 상태를 피하기 위해서는 일정 부분 자

---

22) *De Corpore Politico*, ch. 1, p.83.
23) 김용환, 『홉스의 사회·정치철학』, p.165.

신의 권리에 대한 상호포기가 필요하다. 다시 말해 만일 타인이 그와 마찬가지로 자신의 권리를 포기하지 않으려 한다면 그때는 어떤 사람도 자신의 권리를 포기하지 않을 것이고, 다시 그것은 전쟁 상태의 지속을 의미하게 된다.

그러나 앞서 살펴본 바와 같이 인간은 자연이 부여한 이성이라는 능력도 소유하고 있다. 또한 홉스의 이성은 인간을 자연 상태에의 전쟁과 생명의 위협으로부터 벗어나서 자신의 생존을 보장해 주는 장치를 마련하고 평화를 추구하게 만드는 인간의 본성에 자리 잡고 있는 기능이었다. 홉스는 이러한 이성이 발견한 일반적 원칙들 또는 이성의 명령을 자연법(lex naturalis; law of nature)이라 부른다.

> "자연법이란 이성에 의해서 발견된 계율 또는 일반적 법칙이다. 그것에 의하여 인간은 그의 생명에 대하여 파괴적이거나 생명을 보존하는 수단을 빼앗아 가는 짓을 하는 것과, 생명이 가장 잘 보존될 수 있을 것이라고 생각하는 것을 회피하는 것이 금지된다."[24]

> "자연법이란 생명과 종족을 우리에게 주어진 그대로 굳건히 지키기 위하여 우리가 해야 할 일과 해서는 안 될 일에 관해서 올바른 이성이 내리는 명령이다."[25]

---

24) *Leviathan*, ch. 14, pp.116~117.
25) *De Cive*, ch. 2, p.16.

이처럼 이성이 발견한 일반법칙을 홉스는 다음과 같이 정식화한다.

> "모든 사람은 스스로 그것을 획득하려는 희망을 가지는 한, 평화를 얻기 위해 노력해야만 한다. 그리고 그것을 획득할 수 없을 때에는 전쟁의 모든 도움과 이익을 추구하고 사용할 수 있다."[26]

이 일반법칙은 그 내용에 의해 다시 전후로 구분되는데, 전반부는 홉스가 "기본적 자연법"이라고 부르는 제 1 자연법으로서의 "평화를 추구하고 그것을 따르라"[27]는 명제로 정립된다. 그리고 후반부는 앞서 제시한 자연권에 대한 또 다른 정의라 할 수 있는데, 홉스는 이를 앞서 정의한 첫 번째 경우와 구분하여 "자연권의 요약"이라 하여 아주 간략하게 "우리가 할 수 있는 모든 수단에 의해서 우리 자신을 방어하라"[28]는 명제로 정립한다. 결국 이성의 일반법칙에는 이성의 도움으로 알게 되는 명령으로서의 자연법은 물론 자연권의 의미에 대한 추가적 인식이 반영되어 있다고 할 수 있다.

홉스가 말하는 자연법이 요구하는 바와 같이 어떤 것에 대한 인간의 권리의 포기란 타인이 그에 대한 그 자신의 권리를 향유

---

26) *Leviathan*, ch. 14, p.117.
27) *Leviathan*, ch. 14, p.117.
28) *Leviathan*, ch. 14, p.117.

하는 것을 방해하는 자유를 포기하는 것을 의미하며, 이는 동시에 나 또한 그러한 권리 행사에 방해를 받지 않을 자유가 있다는 것을 전제한다. 따라서 이는 한편으로는 어떤 권리는 포기하고 다른 한편으로는 어떤 권리 행사와 향유에 대해서는 안전을 보장받는 상호승인의 태도를 보여준다.

홉스는 "평화를 얻기 위해 노력하라"는 이성의 명령을 담고 있는 기본적인 제1 자연법으로부터 그 이하 제19 자연법까지 도출해 낸다. 이 중에서 특히 주목할 만한 것이 제2 자연법이다. 그것은 다음과 같다.

> "인간은 평화와 자신의 방어를 위해 그가 필요하다고 생각하는 한, 타인도 그렇게 생각할 때에는 모든 것에 대한 이러한 권리를 포기해야 한다. 그리고 타인에 허락한 그 자신에 대한 자유만큼을 타인에 대해 갖는 것으로 만족해야만 한다."[29]

홉스는 이 제2 자연법을 통해 자연권에 중요한 제한을 가한다. 홉스는 제2 자연법의 정당성을 자연권을 갖는 행위 주체의 공존에다 두고 있다. 홉스에 의하면 모든 사람이 자기가 좋아하는 대로 어떤 일을 행할 수도 있는 자연적 권리를 그대로 보유하고 행사하는 한, 그것은 인간을 전쟁 상태에 있게 하는 것이며, 그 기간이 길면 길수록 그만큼 오래도록 그런 상태에 있게 된다.

그런데 타인들이 자신의 권리를 포기하지 않으려 한다면 그 누

---

29) *Leviathan*, ch. 14, p.118.

구도 자신의 권리를 포기할 이유가 없으며, 그것은 결국 평화로 나아가는 것이 아니라 서로에게 먹이가 되고 말 것이며, 따라서 이성은 자연적 권리를 갖는 어떤 것에 대한 권리를 포기하거나 자유에 제한을 가하는 것이 불가피함을 알게 된다는 것이다. 홉스는 이 자연법을 "타인들이 너에게 해야만 한다고 네가 요구하는 것을 너는 그들에게 행하라" 혹은 "네가 너를 위하여 바라지 않는 것을 타인에게 행하지 말라"는 말과 같은 뜻이라고 한다.[30]

홉스는 『리바이어던』에서의 제 2 자연법을 다른 곳, 즉 『시민론』에서는 계약 이행의 명법으로 표현하고 있는데, 이 계약 이행의 명법이 『리바이어던』에서는 제 3 자연법으로 등장하고 있다. 『시민론』에서 제시하고 있는 제 2 자연법은 우리가 평화를 얻기 위해서 다른 사람과 맺은 계약을 이행해야 한다는 것이다.[31] 이런 점에서 인간을 평화로 인도하는 홉스의 자연법은 기본적으로 자연권의 제약의 당위성과 필연성을 인식시키는 기능을 한다. 따라서 "자연권은 자유를 보장하는 것이나, 자연법은 이 권리를 제약하고 나아가 완전히 양도케 하는 구속적인, 그럼으로써 오히려 자연권과 자유를 보장하는 법이다."[32]

홉스는 권리의 포기와 권리의 양도를 같은 맥락에서 이해한다. 권리의 포기란 내가 포기한 권리의 이익이 '누군가에게' 돌아가는가를 상관하지 않는 것으로서 포기이며, 권리의 양도란 권리를

---

30) *Leviathan*, ch. 14, p.118.
31) *De Cive*, ch. 3, pp.29~30.
32) 남경희, 『말의 질서와 국가』, 이화여대출판부, 1997, p.35.

'특정인에게' 양도함으로써 결국은 그 권리가 포기되는 경우를 말하는데, 둘 다 동일한 결과를 낳는다. 그런데 홉스는 여기서 그의 자연법이 갖는 특기할 만한 중요한 점을 도입한다. 그것은 권리의 포기나 양도는 반드시 그에 상응하는 어떤 대가나 이익을 얻고자 해서 행한 '자발적 행위'라는 사실이다. 역으로 어떤 이익 없이 이루어진 행위는 비록 그것이 외형적으로는 자발적이었다 하더라도, 홉스의 견해에 의하면, 결코 인정될 수 없다는 것이다.

결국 홉스가 말하고자 하는 것은 인간에게는 어떠한 경우에도 그것이 그 자신에게 도움이 되거나 이익이 되지 않는다면 그것은 그가 자발적으로 자신의 권리를 포기하거나 양도한 것으로 볼 수 없으며, 따라서 인간에게는 어떤 말이나 다른 표시에 의해서 포기하고 양도했다고 생각될 수 없는 어떤 권리가 존재한다는 것이다. 한마디로 권리들 중에는 양도하거나 양도될 수 없는 권리가 있다는 것이다.33)

홉스는 양도될 수 없는 권리로 두 가지를 제시하고 있다.34) 하나는 인간은 그의 생명을 빼앗아 가기 위해 폭력으로 그를 공격하는 자들에게 저항하는 권리를 포기할 수 없다는 것이다. 왜냐하면 그 경우에 권리를 포기한다는 것은 그렇게 함으로써 자신의 어떤 이익을 목적으로 한다고 생각할 수는 없기 때문이다. 이는 상해, 구류, 투옥의 경우에도 마찬가지이다.

---

33) *Leviathan*, ch. 14, pp.118~120.
34) *Leviathan*, ch. 14, p.120.

또한 홉스는 부연하기를 이러한 권리는 실제로 생명을 해치려 하는 경우가 아니었더라도 만일 사람들이 폭력으로 달려든다면, 그들이 죽일 의도로 그러는지 아닌지를 알 수 없기 때문에, 이 경우에도 그들에 대한 저항은 정당하다고 보고 있다. 다른 하나는 홉스는 권리의 포기와 양도가 행해지는 동기와 목적을 삶에 싫증이 나지 않도록, 즉 삶을 유지하기 위한 방책으로서 자신의 인격을 보장받기 위한 것으로 보기 때문에, 설사 어떤 인간이 말이나 다른 표시에 의해 그러한 표시가 의도하는 목적을 스스로 버리는 것처럼 보인다면, 그가 그것을 의미하거나 그것이 그의 의지인 것처럼 생각할 수는 없으며, 또 그가 그러한 말과 행동이 어떻게 해석되어야 하는지를 모르는 것으로 간주해야 한다는 것이다. 이들 두 사례를 통해 알 수 있는 것은 결코 포기되거나 타인에게 양도될 수 없는 권리로 홉스가 강조하고 있는 사항은 자기 생명의 보존이다. 이는 어떠한 경우에도 그의 의사가 어떻더라도 결코 포기될 수 없는 자연적 권리인 것이다.

반면에 자연법은 강제력을 갖는 것이 아니면서도 인간 스스로가 발견한 것이라는 점에서 어떤 식으로든 구속력을 갖는다. 즉, 그것은 무조건적 자유를 행사할 수 있는 권리 개념과 근본적으로 다르다. 이런 이유에서 홉스는 권리(jus)와 법(lex)을 혼동하지 않고 사용할 것을 강조하고 있다.

"권리는 행하거나 행하지 않는 자유에 존재하는 반면에, 법은 이들 가운데 하나를 결정해서 구속하는 것이어서, 법과 권

리는 의무와 자유만큼이나 다르며, 그것은 아주 동일한 일에
있어서는 일치하지 않는다."[35]

　홉스는 법을 그것이 누구에게서 유래했는가에 따라 크게 두 가
지로 구분한다. 신법(divine law)과 인간법(human law)이 그것이
다. 신법은 다시 자연법(natural law) 또는 도덕법(moral law)과
실정법(positive law)으로 나누어진다. 인간이 제정한 모든 법, 즉
인간법으로는 시민법을 들고 있다. 이 시민법은 다시 각자의 소유
권을 보호해 주는 분배법(distributive law)과 법을 위반한 사람을
처벌하는 형법(vindicative or penal law)으로 구분된다.
　이와 같은 구분에 기초하여 홉스는 자연법은 인간의 자연적 이
성에 의해 알 수 있는 것으로서 신이 그의 영원한 말씀을 통해
만인에게 선포한 법으로, 실정법은 예언을 통해 신이 우리에게 계
시한 법으로, 시민법은 다시 신의 실정법에 의해서 규정된 것이
아니라 신을 숭배하고 제식을 갖춘 종교에 속하는 신성한(sacred)
시민법과 그 외 시민사회에서 일반적으로 시민법으로 통용되는
세속적인(secular) 시민법으로 각각 정의 내리고 있다. 이러한 세
속적 차원의 시민법이 상술한 분배법과 형법으로 이루어진 인간
법으로서의 시민법이다.[36]
　그리고 홉스는 법이 갖는 기본적 성격을 명령에서 찾는다. 홉스
는 다음과 같이 법을 규정하고 있다.

---

35) *Leviathan*, ch. 14, p.117.
36) *De Cive*, ch. 14, pp.186~188.

"법이란 조언이 아니라 명령이다. 또 법은 만인에 대한 만인
　　의 명령도 아니다. 법은 어떤 사람이 그에게 이전에 복종할 의
　　무가 주어진 사람에게 내리는 명령일 뿐이다."[37]

　법에 대한 이러한 성격 규정에 따르면, 홉스는 법을 명령을 내
릴 자격이 있는 자가 그 명령을 준수할 의무가 있는 자에게 내리
는 명령으로 간주하고 있다. 이러한 홉스의 정의는 그가 법 명령
론자(command theorist)라는 것을 보여준다. 그런데 법을 명령으
로 보는 견해가 통상 법실증주의(legal positivism)의 핵심 주장으
로 간주된다는 점에서 홉스는 또한 법실증주의자라는 해석도 성
립된다. 그러나 동시에 법실증주의가 통상 자연법론과 근본적으
로 상충하는 입장이라는 점을 고려한다면, 홉스의 법 개념이 갖는
이러한 성격들이 그의 자연법에 관한 견해와 어떻게 양립가능한
지가 문제가 될 수 있다.

　일반적으로 자연법은 실증법과 대비된다. 자연법은 자연이나
신 혹은 초월적인 존재로부터 부여된 우주 질서나 세계 질서 혹
은 이와 관련한 인간의 자연적 본성으로부터 출발하여 인간의 윤
리적 행위나 정치적 및 법적 질서 형성에 필요한 규범을 이끌어
내고 다시 그 규범의 정당성을 가늠하는 제반 척도의 원천으로
간주되어 왔다. 다시 말해서 인간이 살고 있는 자연의 세계에는
자연의 개별적인 사건은 물론 인간의 개별적인 행위를 초월하는
하나의 보편적인 법칙이 존재하며 그것이 인간을 포함하여 이 세

---

37) *Leviathan*, ch. 26, p.251.

계를 움직인다는 것이 바로 자연법 사상이다.

반면에 기본적으로 "법실증주의는 정의, 도덕성 또는 합리성의 일반적 원리가 법의 타당성의 기준이라는 것을 부인한다."[38] 좀 더 사실적으로 말하면, 법실증주의는 법이 법이기 위해서는 정의롭거나 옳거나 도덕적이거나 혹은 좋은 선한 것이어야 할 필요가 없다고 생각한다. 대신에 법실증주의를 특징짓는 것은 그것이 절차적 테스트를 통해 그 타당성 여부를 결정한다는 점에 있다. 그런데 홉스 역시 주권자에 의해서 명령되는 시민법과 신에 의해서 명령되는 자연법은 둘 다 이미 신민들이 복종할 의무가 있는 권위를 지닌 자에 의해서 명령되고 공표된 것으로서 그러한 테스트를 통과한 것으로 묘사하고 있다.[39]

홉스는 실제로 앞서 언급한 바 있는 자연법(natural law)을 인간과 관계하는 법인 좁은 의미의 자연법(law of nature)과 통속적으로 국가(nation)의 권리라 부르는 국가법으로 구분함으로써 소위 자연법과 국가의 법 상호간의 밀법한 관계를 암시하고 있다.[40] 즉, 홉스가 실정법을 "신의 예언을 통해 계시된 법"으로 정의했을 때 다른 한편으로 이런 의미의 실정법은 이미 신의 지배가 더 이상 효력을 갖지 못한다고 보고 있는 홉스에게는 이를 대신할 수 있는 새로운 법의 지배가 요구된다. 결국 홉스에게 신법 중에 자

---

38) M. M. Goldsmith, "Hobbes on law", in *The Cambridge Companion to Hobbes*, (ed.) T. Sorell, Cambridge University Press, 1996, p.275.

39) *De Cive*, ch. 14, pp.186~187, 192.

40) *De Cive*, ch. 14, p.186.

연법(natural law)은 이미 인간이 나면서 자신의 이성으로 알 수 있는 법, 즉 자연법(law of nature)이라는 성격을 갖기 때문에 새로운 실정법은 인간의 이성이 발견해 내야 하고 또 발견할 수 있는 그런 법으로서 이미 홉스의 언어 사용에 있어서는 자연법의 구체화가 실정법의 의미를 갖는다고 볼 수 있다. 따라서 이런 맥락에서 홉스에게 자연법론과 법실증주의는 상호 대립하는 입장이 아니라고 할 수 있기 때문에 그를 자연법론자, 법명령론자, 법실증주의자라 부르는 것이 양립가능하다는 평가를 내릴 수 있다고 생각된다. 이러한 점을 미루어보면 일차적으로 홉스는 법 개념에 명령론과 실증주의의 기본 교의에 부합하는 주장을 펼치고 있는 셈이다.

3. 자연법과 도덕적 의무

홉스는 자연법을 누구나 쉽게 이해할 수 있는 법칙이라고 말하고 있다. 그에 의하면, 자연법은 다음과 같이 표현할 수 있다. 즉, "그대가 그대 자신에게 행해지는 것을 바라지 않는 것을 남에게 행하지 말라."[41] 자연법을 인간의 이성에 의해서 분명히 인식할 수 있는 것으로 본 홉스는 도덕적 의무의 근거를 객관적인 외적 자연이 아니라 인간의 주관적인 내적 자연(본성)에 귀속시켰다.

---

41) *Leviathan*, ch. 15, p.144.

더욱이 그것은 객관적인 자연세계에서 발견되는 것이 아니라 인간 스스로가 자력으로 발견해 내야 하는 것으로 상정된다. 의무보다 권리를 앞세우는 홉스에게 도덕적 의무는 자연권 앞에서 일차적으로는 무력한 것이었다. 이러한 도덕적 의무의 원천인 자연법 역시 그 점에서는 동일한 운명에 놓여 있다. 그러나 그것이 인간이 갖고 있는 능력과 조건의 전부는 아니다. 자연권만으로는 아무것도 해결할 수 없다는 인식, 그것이 곧 인간이 자신의 이성을 사용하여 스스로 알아낸 자연법이다.

앞서 살펴본 이성이 발견한 명령으로서의 자연법은 실질적인 외적 구속력이나 강제력을 갖는 것이 아니다. 즉, 자연법에 따라 행동하고 안 하고는 전적으로 자연권의 소유자로서 또 자기 보존을 최대의 지상 과제로 생각하는 인간 자신의 결정에 달려 있다. 따라서 자연법은 어떤 행동의 도덕적 정당성을 판정하는 기준이 아니다. 홉스에 의하면 "자연법은 내면의 법정에서 의무를 지우며," 동시에 "불변이며 영원하다"고 말한다. 그러나 그것은 자기 자신에 대한 의무에 지나지 않는다. 결국 사회 속에서 인간의 행위를 통제하고 이에 따른 책무를 부과하는 기초인 국가가 제정한 시민법이 존재하지 않을 경우 자연법에 복종하는 것은 단순히 도덕적 의무만을 가질 뿐 전혀 현실적 구속력을 갖지 못한다. 즉, 워렌더의 지적처럼, 자연법에 기초한 도덕적 의무가 갖는 한계가 보여주듯이 인간에게 강제력을 갖는 "시민법에 복종해야 할 도덕적 의무는 법 제도를 갖지 못한 체계로부터 논리적으로 도출되지 않는다."[42] 시민법에 우리가 복종하는 것은 도덕적 의무가 아니라 정치적 의무이며, 홉스에게는 이것만이 실질적으로 인간의 행위에 구속력을 가질 수 있다. 그러나 반대로 자연법은 자연 상태에서 아무런 역할도 하지 못하는 것은 아니다.[43] 왜냐하면 이성법으로서의 자연법은 자연 상태하에서의 인간에게도 발견되며, 따라서 그 나름의 구속력은 갖는다고 보아야 하기 때문이다.

이처럼 자연법과 관련하여 우리가 갖게 되는 의무는 개인의 자기 내적 구속력만을 갖는 도덕적 의무에 머문다. 때문에 그것은 특히 타인과의 관계 속에서는 무력해진다. 그러므로 평화 역시 자연법 일반과 동일한 성격을 갖는다. 이렇게 인간의 자연권과 자연법이 갖는 특성으로 인해 자연스럽게 홉스의 자연법론은 의무보다 개인의 권리를 더 우월한 것으로 보는 이후의 전통에 아주 중요한 공헌을 했다. 하지만 이와 동시에 그것은 홉스의 체계 내에서는 평화가 유지되기 위해서는 내적 구속력을 넘어서 더욱 강력한 외적 강제라는 인위적 장치가 요구되지 않을 수 없는 결과를 낳기도 한다.

　　"자연법은 내면의 법정에서 의무를 지운다. 그것은 그것이
　　행해져야 한다는 의욕을 갖도록 구속한다. 그러나 외부의 법정

---

42) H. Warrender, *The Political Philosophy of Hobbes, His Theory of Obligation*, p.6.

43) 이런 견해에 대해서는 다음을 참조. H. Warrender, "Hobbes's Concept of Morality", in *Thomas Hobbes: Critical Assessments*, Vol. II, (ed.) P. King, London and New York: Routledge, 1993, p.134; *The Political Philosophy of Hobbes, His Theory of Obligation*, Ch. IV.

에 있어서, 즉 그것을 행동으로 옮기도록 항상 구속하는 것은
아니다. 겸손하고 유순하며 그가 약속한 것을 모두 이행하는
사람은 그 이외의 어떤 사람도 그와 같이 행동하지 않는 시대
와 장소에서는 스스로를 타인의 먹이로 만드는 것에 지나지
않으며, 그 자신의 확실한 파멸을 자초하는 것으로서 이는 자
연의 보존을 향하는 모든 자연법의 근거에 반하는 것이다."44)

"자연법은 불변이며 영원한 것이다. 왜냐하면 부정, 배은, 오
만, 자만, 불공평, 편벽 및 기타 등등은 결코 합법적인 것으로
될 수 없기 때문이다. 전쟁은 생명을 보존하고 평화는 그것을
파괴할 것이라는 주장은 결코 있을 수 없기 때문이다."45)

그런데 자연 상태와 인간의 권리에 대한 홉스의 견해는 그가
자연법을 허용하고 이를 승인하는 입장을 취하고 있음에도 불구
하고 소위 여타의 자연법 이론들과는 근본적으로 상이한 성격과
지위를 자연법에 부여하게 된다.

홉스에 있어서 인간이 자연 상태로부터 벗어나서 시민사회로
이행하게 하는 것이 이성의 명령으로서의 자연법의 역할이다. 그
리고 이러한 자연법에 충실히 따를 것인지를 결정하는 일은 전적
으로 합리적 선택의 문제인 것이다. 그런데 홉스는 인간에게는 전
쟁 상태의 공포로부터 벗어나 시민사회로 들어가게 만드는 동기
를 부여하는 심리학적 전제가 평화에의 희구라면, 자연법은 이를

---

44) *Leviathan*, ch. 15, p.145.
45) *Leviathan*, ch. 15, p.145.

실현할 것을 촉구하는 이성이 발견해 낸 명령이다. 때문에 홉스가 제시하고 있는 자연법들을 지배하는 핵심 개념은 평등과 평화라 할 수 있다. 그리고 이들 개념이 갖는 근본 성격은 그것이 도덕적 의미를 그 자체 속에 포함하고 있다는 점이다.

홉스 철학에 대한 부정적 이미지가 고착되었던 시기에 주를 이루었던 견해들은 대체로 홉스의 정치이론이 이기주의적 심리학 이론으로부터 연역되었다거나, 책임의 문제를 개인의 자기 이익에 기초를 둔 타산적 및 계산적 심리라는 시각에서 접근하곤 했다. 이런 점들이 물론 전적으로 그릇된 것은 아니다. 그러나 이런 방식으로는 홉스의 의도를 결코 올바로 드러내지 못한다.

실제로 도덕적 및 정치적 문제들을 풀어나가는 홉스의 전략이 전체적으로는 그의 인간론에 토대를 두고 있지만 인간의 자연적 본성만을 강조하는 것은 정당하지 않으며, 무엇보다도 이런 인간의 심리학적 성향들이 적절히 제어되고 또 그로부터 야기되는 문제들을 해결해 나갈 수 있는 방도를 제시하는 역할을 맡고 있는 것이 바로 홉스의 자연법이다.[46] 홉스의 평화 사상은 물론이고 그의 철학 전체를 꿰뚫어볼 수 있는 관건은 바로 이 자연법이 홉스의 철학에서 맡고 있는 역할과 비중을 얼마나 제대로 가늠하느냐에 달려 있다고 해도 틀린 말이 아니다.

---

46) 이와 같이 편향된 심리학적 접근 일변도의 홉스의 정치이론에 대해서 이전과는 다르게 이해하는 데 중요한 역할을 한 주목할 만한 글로는 다음을 들 수 있다. H. Warrender, *The Political Philosophy of Hobbes, His Theory of Obligation*, Oxford, 1957.

하지만 그럼에도 불구하고 홉스에게 자연법은 그로티우스식의 자연법 이론처럼 목적론적인 도덕적 이상의 원천이 아니다. 그에게 자연법은 기본적으로 인간의 자연적 본성이 그에 알맞는 방식의 행동을 낳을 수 있도록 해주는 조건들이다. 홉스에 따르면 이것은 말 그대로 인간 이성이 자연스럽게 발견해 낼 수 있는 도덕적 의무들이긴 하지만, 그렇다고 당위적인 구속력을 갖는 조건들은 아니다.

다른 한편으로는 홉스에게 과연 자연법이 필요한 것인지에 대한 의문이 제기될 수 있다. 그러나 우리가 자연법을 포기한 흄이나 벤담의 입장을 경험론에 더욱 충실한 것이라 평가하더라도 홉스에게 자연법이 갖는 의미가 일종의 법칙적 구속력을 갖는 것이 아닌 이상 실제로는 저들과 비교할 때 상대적으로 크게 문제될 것은 없다고 생각된다. 왜냐하면 그 누구든 강제력을 갖는 법적 장치가 존재하지 않는 상태일지라도 그곳에도 최소한 인간의 심리학적 본성이 일반적으로 드러내는 자연적 성향은 존재한다고 말할 수 있기 때문이다. 그리고 이를 통해 특정 시기를 떠나 언제든 시민사회나 국가의 필요성이 그 우연성을 넘어 정당화될 수 있을 것이기 때문이다.

홉스는 신법을 자연법과 실정법으로 구분하면서 이미 자연법을 도덕법과 동일한 의미로 사용하고 있으며, 이를 다시 이성의 법으로서의 좁은 의미의 자연법과 국가의 법으로 구분하고 있는 것을 고려한다면, 그에게 자연법은 한 국가의 법으로 구체화되어 실정법의 지위를 갖게 된다. 그리고 그 법이 국가의 성립을 통해 실질적인 강제력을 수반하기 전까지 그것은 한 사회 속의 인간의 법적 의무 이전의 도덕적 의무로서 존재하는 법이라 할 수 있다. 그러므로 홉스에게 "자연법들은 제 가치들을 설명해 주는 것이 아니라 법률적 도덕적 체계에 가치를 부여할 수 있는 어떤 요소를 인과적으로 또 합리적으로 결정해 주는 것"[47]으로서 이런 점에서 다른 한편으로 홉스에게 자연법들은 무엇보다도 사회의 합리적 건설을 생겨나게 하는 가설적 성격의 것들이라 할 수 있다.

다시 말해 자연법들은 단지 국가를 건설하는 데 토대 구실을 하는 합리적인 원칙들을 제시하고, 나아가 이를 통해 적합한 정치적 권위와 의무의 구체적 원칙들의 제정을 가능하게 하는 원천과 조건으로 작용한다고 볼 수 있다. 따라서 홉스에게 이에 선행적으로 주어진 일반선이나 공공선 같은 것은 가상적인 허구에 불과한 것이 된다.

홉스는 『리바이어던』에서 전부 19개의 자연법을 제시하고 있는데, 상술한 제1, 2 자연법을 제외한 나머지 자연법들을 일별하면 다음과 같다.[48]

제3 자연법 : 인간들은 그들 사이에 맺어진 신약을 이행해야 한다.

---

47) 조지 세이빈·토마스 솔슨, 『정치사상사 2』, 성유보·차남희 역, 한길사, 1991, p.600.
48) *Leviathan*, ch. 15, pp.129~144.

제4 자연법 : 다른 사람의 단순한 은혜로부터 이익을 받은 사람은 그것을 준 사람이 그의 선량한 의사를 후회하는 상당한 원인을 갖지 않도록 노력해야 한다.

제5 자연법 : 모든 사람은 그 자신 외의 사람들에게 스스로를 적응시키려고 노력해야 한다.

제6 자연법 : 미래에 대한 보증에 따라서, 인간은 후회하면서 용서를 비는 사람들의 과거의 죄를 용서해야만 한다.

제7 자연법 : 악에 대해 악으로 갚는 복수에 있어서 인간은 지나간 악의 크기가 아니라 앞으로 다가올 선의 크기를 보아야 한다.

제8 자연법 : 어떤 사람도 행위, 언어, 표정, 행동에 의해 타인에 대한 증오나 경멸을 선언해서는 안 된다.

제9 자연법 : 모든 사람은 다른 사람이 날 때부터 그와 동등한 것으로 인정해야 한다.

제10 자연법 : 평화의 상태로 들어갈 때 어떤 인간도 그 이외의 모든 사람들에게, 만일 유보되면 자신이 만족하지 않을 어떤 권리를 유보할 것을 요구하지 못한다.

제 11 자연법 : 어떤 사람이 인간과 인간 사이를 판정하도록 신뢰되었다면, 그것은 그들 사이를 평등하게 처리해야 한다.

제 12 자연법 : 분할될 수 없는 것은 할 수만 있다면 공동으로 향유되어야 한다. 그리고 만일 그것의 양이 허용된다면 제한 없이, 또 그렇지 않으면 권리를 가진 사람들의 수에 비례해서 그렇게 해야 한다. 그렇지 않으면 그 배분은 불평등하게 형평에 반하게 된다.

제 13 자연법 : 어떤 것이 분할될 수 없거나 공동으로 향유될 수 없을 때 형평을 규정한 자연법은 전체의 권리 또는 (그 사용을 교대로 하면서) 최초의 점유가 추첨에 의해서 결정되어야 한다는 것을 요구한다.

제 14 자연법 : 공동으로 향유되거나 분할될 수 없는 것은 최초의 점유자에게, 그리고 어떤 경우에는 추첨에 의해 획득된 것으로서 최초로 태어난 자에게 판정되어야만 한다.

제 15 자연법 : 평화를 중재하는 모든 사람은 안전한 행동이 허용되어야 한다.

제 16 자연법 : 쟁론 중에 있는 사람들은 그들의 권리를 중재자의 판결에 복종시켜야 한다.

제17 자연법 : 사람은 그 자신의 이익을 위해 모든 일을 한다고 가정되는 것을 볼 때 어떤 사람도 그 자신의 소송사건에 대한 적당한 중재자가 될 수 없다.

제18 자연법 : 어떤 소송 사건에 있어서도 한 당사자의 승리로부터 다른 당사자의 승리에서보다 큰 이익이나 명예 및 쾌락이 발생하는 자는 중재자로 받아들여져서는 안 된다.

제19 자연법 : 사실의 쟁론에 있어서, 재판관은 한 사람에게 다른 사람에 대해서보다도 많은 신용을 부여해서는 안 되기 때문에 (다른 증거가 없다면) 제3자 또는 제4자에게, 그리고 그 밖의 사람들에게 신용을 부여해야만 한다.

홉스는 이렇게 자연법들을 제시하면서 그 말미에 이에 대한 연구야말로 도덕철학이 맡아 수행해야 할 과제라는 점도 빼놓지 않고 지적한다. 전체적으로 인간의 행위를 지배하는 동인들을 고려하면, 인간은 한 손에는 생물학적 및 심리학적 욕망에 지배되는 동인들을 쥐고 있으며, 다른 한 손에는 이성이 발견하는 자연의 법칙들을 쥐고 있다. 이것은 인간이 다름 아닌 인간인 한 언제나 인간을 특징짓는 조건이라 할 수 있다. 전자는 자연적 지배력을 갖는 행위의 원천이면서 그것은 또한 끊이지 않는 갈등의 원천이기도 하다.

반면 후자는 인간에게 평화를 가져다줄 수 있는 행위의 원천이지만 자기 이익 앞에서는 무력해지기 쉬워 강제력을 동반하지 않을 경우에는 결코 실효를 거둘 수 없는 도덕적 행위의 원천이다. 그렇지만 그것이 인간에 대해서 갖는 관계를 고려할 때 "시민사회에서든 자연 상태에서든 자연법에 복종하는 것"은 인간의 도덕적 의무라 할 수 있으며, 논리적으로는 "여타의 다른 의무들도 이 자연법으로부터 연역되어야 한다."[49] 하지만 그것은 실제로는 아무런 구속력도 발휘하지 못한다. 왜냐하면 자연법이 부가하는 도덕적 의무란 그것이 인간의 갈등과 분쟁을 조정해 줄 수 있는 강제력을 동반하지 않는 한 각 개인의 이익 앞에 종이 호랑이로 전락하고 말기 때문이다. 이런 상태만으로는 홉스가 자연법을 제시하면서 스스로 가장 중요하게 생각하고 있는 목적, 즉 "인간을 사회적이고 평화롭게 만들고, 그리하여 자만심, 편견 및 과도한 자기애에 의해 인간들 사이에서 발생하는 갈등, 분개심, 적대심을 최소한도로 감소시키거나 없애는 것"[50]을 달성할 수 없다. 홉스가 단순한 내적 구속력을 떠나 국가와 법이라는 제도적 장치를 통해 강제력을 갖는 정치적 의무를 평화 실현의 유일한 수단으로 보는 이유도 바로 여기에 있다.

---

49) Q. Skinner, "Hobbes's 'Leviathan' ", in *Thomas Hobbes: Critical Assessments*, Vol. I, (ed.) P. King, London and New York: Routledge, 1993, p.85.

50) 리차드 틱, 『홉즈의 이해』, 강정인 편역, 문학과지성사, 1993, p.172.

제 5 장

평화의 실현과 국가론

1. 평화 실현과 사회계약

1) 근대 사회계약론

로크, 루소, 칸트를 비롯한 근대 사회계약론적 전통과 롤즈에 의해서 부활된 현대 사회계약론의 흐름들은 직접·간접으로 홉스의 사회계약론과 관계가 있다. 홉스를 포함한 근대 사회계약론이 보여주는 공통점으로는 대략 세 가지를 들 수 있다.[1] 첫째, 사회

---

1) M. Forsyth, "Hobbes's contractarianism: a comparative analysis", in *The*

계약론들의 가장 분명한 공통점으로 정치공동체의 기초를 개인들 간의 협정이나 합의에 둔다고 하는 점을 들 수 있다. 특히 사회계약은, 루소의 경우를 제외한다면, 통치자와 피치자 간의 협정이 아니라 법이나 사회 제도를 포함한 규칙을 확립하기 위한 협정이라는 것이 두드러진 특징이라 할 수 있다. 다음으로는 사회계약을 쌍방 간의 합의의 집적물보다는 많은 다수의 개인들 간의 동시적 합의로 간주한다는 점이다. 그리고 마지막으로 사회계약을 물건을 사고 파는 행위에 수반되는 일상적 의미의 계약과는 분명히 구별되는 특수한 계약으로 보고 있다는 점을 들 수 있다.

이와 같은 근대 사회계약론에는 기본적으로 계약의 주체를 평등한 개인으로 인정하고자 하는 정신이 반영되어 있다. 그러나 이처럼 인간의 평등이라는 이념을 함축하고 또 이를 실현하고자 했음에도 17, 18세기 주도적인 사회계론자들은 협정을 맺는 주체로서의 개인들을 성인 남성과 동일시하는 경향 또한 있었다. 하지만 이런 점들 때문에 사회계약 사상의 출현이 인간 평등의 이념의 출현과 긴밀히 연계되어 있다는 점을 부인해서는 안 된다. 오히려 사회계약 사상은 이러한 이념의 정치적 표현이었으며, 동시에 그것은 이 이념의 종교적 및 경제적 표현과 한데 어우러지면서 함께 발전해 나갔다고 보아야 한다.

그러나 근대 사회계약 사상의 모든 지지자들이 프로테스탄트였

Social Contract from Hobbes to Rawls, (ed.) D. Boucher & P. Kelly, London and New York: Routledge, 1994, pp.37~39.

다는 점이 시사하듯이 프로테스탄트 종교 개혁은 이와 같은 평등의 이념을 확신시키는 데 기여한 가장 큰 원동력이었다. 또한 자본주의 시장 경제의 급속한 팽창이 이 이념을 구체화시켜 주었으며, 이런 사조는 사회정치적 영역 등 사회 전반에 걸쳐 광범위하게 퍼져 나갔다. 특히 1560년에서 1660년까지 유럽을 분열시킨 무서운 내전과 국가 간 전쟁들은 이 이념을 정치적으로 고무시키는 기폭제 역할을 했다.

그러나 근대 사회계약론자들에게서 공통적으로 발견되는 특징들에도 불구하고, 세부적인 면에 주목할 경우, 그들 간에는 아주 중요한 차이점들도 발견된다. 사회계약의 근본 이념이라는 관점에서 바라볼 때, 이들 간의 입장 차이를 크게 두 진영으로 구분지을 수 있다. 한 쪽은 사회계약을 우선적으로 그리고 전적으로 인간의 실천적·현실적·정치적 필요에 부응할 수 있는 정치 기구의 창조를 위한 디딤돌로 생각한다. 그리고 다른 한 쪽은 사회계약을 정치 기구를 창조하는 수단 및 동시에 이 정치 기구를 도덕이나 신의 왕국과 같은 상위의 가치에 종속시키기 위한 수단으로 생각한다. 후자에 속하는 대표적인 인물로는, 비록 그들 간에 명백한 차이가 있긴 하지만, 로크와 루소를 들 수 있으며, 전자의 경우에는 홉스가 해당된다.

홉스에게 평화는 기본적으로 인간 스스로가 창출해 내야 하는 작품과도 같다. 홉스는 이 작품을 사회계약이라는 도구를 활용해서 만들어 나간다. 또한 이 도구를 갖고 만들어낼 국가라는 정치적 기구는 자연권과 자연법, 권리와 의무, 욕망과 이성의 조화와 통일을 담아내는 것을 목적으로 한다. 홉스는 사회계약을 통한 그 것의 성공 여부를 주권적 권력의 창출과 확립에 있다고 생각한다.

2) 홉스의 사회계약론

앞서 살펴본 것처럼 홉스가 근대 사회계약론의 일반적 특징들을 공유하고 있는 것은 사실이다. 그러나 근대 사회계약론의 두 진영 간의 분명한 차이에 덧붙여 특히 홉스의 계약론에서 더욱 강조되어야 할 것으로는, 그의 제1, 2 자연법이 확립하고 있듯이, 그것이 평화의 가능성의 조건에 대한 관심에 의해서 좌우되고 있다는 점이다. 따라서 홉스의 사회계약론을 이와 같은 그의 의도와 목적을 배제한 채 정치공동체의 도덕적 정당성 확립이나 단순히 상호합의나 협정에 이르는 논증의 형식이나 절차에만 초점을 맞춘다면 그것은 홉스의 진의를 빗겨 가는 해석이 되고 말 것이다.

홉스에 의하면 계약(contract)이란 기본적으로 독립적 개체이자 평등한 존재로서의 개인들 사이에서 이루어지는 "권리의 상호양도" 행위이다. 또 그 결과로서 성립되는 협정(pact) 또는 신약(covenant)은 계약 행위가 이루어졌을 때 두 당사자 중에 "한 쪽은 그가 지켜야 할 계약된 물품을 인도하고, 다른 쪽은 일정한 기간 후에 그 인도를 이행할 것을 신뢰하는 것"이다.[2] 그러나 이런 계약은 그것이 준수될 것을 보장하지 않는다면 아무런 효력도 갖지

---

2) *Leviathan*, ch. 14, pp.120~121.

못한다. 따라서 평화와 자신의 방어를 위한 권리의 포기와 양도를 명하는 제 2 자연법으로부터 홉스는 "인간들은 그들 사이에 맺어진 신약을 이행해야 한다"3)는 제 3 자연법을 이끌어낸다(『시민론』에서는 제 2 자연법이다). 이것이 바로 홉스가 말하는 "신약의 준수"로서의 정의인 바, 이는 "그것에 의해서 우리가 우리의 생명에 파괴적인 어떤 일을 하는 것을 금하는 이성의 법칙이며 자연법이다."4)

그런데 이러한 이성의 명령에도 불구하고 계약자 쌍방 간에 맺어진 상호신뢰의 협정은 어느 한 쪽이 이를 이행하지 않을지도 모르는 공포를 느끼는 한, 계약은 언제든지 무효가 될 수 있다. 따라서 제 3 자연법이 명하는 협정의 이행이 선행되지 않는 한 아직 "모든 사람은 모든 것에 대한 권리를 갖고 있기 때문에" 실제로 "어떤 권리도 양도되지 않고 있다"고 할 수 있다.5) 이때 무엇보다도 중요한 것은 이러한 계약을 통해 이루어지는 "자연권의 양도는 모두 명목상의 행위와 권리 양도이지 실제적인 것은 아니다"6)라는 사실이다. 여기서도 홉스의 유명론이 그대로 적용된다. 이러한 계약의 성격은 동시에 개인의 자연권을 그의 고유한 독립적 권리로 간주한다는 점에서 홉스의 개인주의 또한 그대로 견지하고 있다고 할 수 있다.

---

3) *Leviathan*, ch. 15, p.130.

4) *Leviathan*, ch. 15, p.134.

5) *Leviathan*, ch. 15, p.130.

6) 김용환, 『홉스의 사회·정치철학』, p.67.

그러나 홉스는 여기서 한 걸음 더 나아가 비록 계약을 이행하는 것이 정의임을 자연법이 알려준다 하더라도 자연법은 실질적인 강제력을 갖는 명령이 아니기 때문에 정의의 원천이 신약의 체결 및 이행을 명령하는 자연법에 있다 하더라도 공포의 원인이 제거되지 않는 한 평화 상태는 잠정적인 것이어서 전쟁 상태에 있는 것과 마찬가지이며, 또 "전쟁이라는 자연 상태에 있는 동안은 공포의 원인을 제거할 수 없다"7)고 말하고 있다.

이와 같은 상황은 이성의 명령으로서의 홉스의 자연법의 특징이자 동시에 본질적인 약점에서 기인한다. 왜냐하면 "자연법은 단순히 인간의 양심을 구속할 뿐이며, 인간의 행위와 의지는 양심이나 이성에 의해서가 아니라 처벌에 대한 두려움과 보상의 희망에 의해서 결정되는 것"8)이기 때문이다. 홉스는 이와 같은 자연법의 명령이 강제력을 동반하지 않는 한 어떠한 것도 정의나 부정의라 할 수 없으며, 강제력을 수반하는 힘은 국가계약을 통해서만 가능하다고 말하고 있다. 그리고 이를 통해서만 정의와 소유권 또한 실질적인 효력을 획득할 수가 있게 된다.

"정의와 부정의라는 명사가 존재할 수 있기 전에, 인간으로 하여금 그들이 자신들의 신약을 깨뜨림으로써 기대하는 이익보다도 큰 어떤 처벌의 공포에 의해 그들의 신약을 이행하도록 평등하게 강제하고, 그들이 포기한 보편적 권리의 보상으로

7) *Leviathan*, ch. 15, p.131.
8) 리차드 틱, 『홉즈의 이해』, p.173.

인간이 상호계약에 의해서 획득하는 소유권을 확보할 어떤 강제적 힘이 존재해야만 한다. 그러한 힘은 국가의 수립 이전에는 존재하지 않는다."9)

다시 말해서 홉스에 의하면 정의와 소유권은 국가의 설립과 더불어 비로소 확립된다.

"각자의 것, 즉 소유권이 없는 경우에는 부정이 없으며, 강제적 힘이 수립되지 않는 경우에는, 즉 국가가 없는 경우에는 모든 사람이 모든 것에 대한 권리를 가지고 있기 때문에 소유권이 없다. 그러므로 국가가 없는 곳에서는 어떤 것도 부정한 것이 아니다. 따라서 정의의 본질은 유효한 신약을 지키는 데 존재한다. 그러나 신약의 유효성은 인간으로 하여금 그것들을 지키도록 강제하는 데 충분한 사회권력의 설립에 의해서만 시작되며, 그때 소유권 역시 시작된다."10)

홉스에 의하면 "정의의 원천은 자연법에 존재한다."11) 따라서 정의는 홉스에게는 이성에 반하지 않는 행위 평가의 척도라 할 수 있다. 그리고 이런 정의는 그것이 강제력을 동반하지 못하는 단순한 상호신뢰의 신약에만 기초할 경우 쌍방 간 불이행에 대한 공포가 남아 있게 된다. 따라서 그런 신약은 무효나 마찬가지이다. 이런 상태는 실제로는 여전히 전쟁 상태나 다름없다. 또 부정

---

9) *Leviathan*, ch. 15, p.131.
10) *Leviathan*, ch. 15, p.131.
11) *Leviathan*, ch. 15, p.130.

의하다고 할 수도 없다. 왜냐하면 홉스에게 정의니 부정의니 하는 말도 정의의 이행이 상호 확실히 보장되어 있는 경우에만 존재할 수 있는 것이기 때문이다.

> "정의의 근원이 신약의 체결이라고 할지라도 그러한 공포의 원인이 제거될 때까지는 부정의는 실제로 존재할 수 없다. 그러한 공포의 원인 제거는 인간이 전쟁이라는 자연 상태에 있는 동안은 행해질 수 없다."12)

홉스에 의하면, 정의와 부정의라는 명사가 존재할 수 있기 전에, 인간으로 하여금 그들의 신약을 깨뜨림으로써 기대하는 이익보다도 큰 어떤 처벌의 공포에 의해 그들의 신약을 이행하도록 평등하게 강제하고, 그들이 포기한 보편적 권리의 보상으로 인간이 상호계약에 의해서 획득하는 소유권을 확보할 어떤 강제적 힘이 존재해야만 한다. 홉스는 이런 힘은 국가의 수립 이전에는 결코 존재하지 않는다고 주장한다. 따라서 전쟁 상태를 피하고 평화를 실현함으로써 확보될 수 있는 개인의 안전을 항구적으로 보장해 줄 수 있는 유일한 수단을 홉스는 사회계약을 통해 비로소 강제적 힘을 지니게 되는 국가에서 찾는다.

또한 홉스는 정의는 이성에 결코 반하지 않는 것이라고 주장한다. 즉, 신약을 맺거나 맺지 않는 것, 지키거나 지키지 않는 것이 그 사람의 이익에 도움이 될 때는 이성에 반하는 것이 아니다. 다

---

12) *Leviathan*, ch. 15, p.131.

만 문제는 신약 이행을 약속한 당사자들에게 있어서 수립된 사회권력이 없는 경우와 같이, 어느 편에도 이행의 보장이 없는 경우인데, 이는 상호약속의 문제가 아니다. 그러한 약속은 아직 신약이 아니기 때문이다. 그러나 당사자의 한 편이 이미 이행했거나 이행하도록 만드는 힘이 있는 경우에 신약을 이행하거나 행하지 않는 것이 이성에 반하는 것인지의 여부에는 문제가 있다. 그리고 그것이 이성에 반하는 것이 아니라는 것을 명백히 알기 위해서는 다음과 같은 것을 고려해야만 한다.13)

첫째, 어떤 사람이 어떠한 일이 일어나리라 예견됨에도 불구하고 자신을 파괴하는 방향으로 일을 진행시켰는데도 우연히 그가 기대하지 않았던 어떤 사건이 일어나서 그것을 그의 이익으로 전환시킬 수도 있다. 그러나 그러한 사건은 그 일이 이성적으로 그리고 현명하게 행해지도록 한 것이 아니다.

둘째, 모든 사람을 두려움 속에 있게 하는 공통의 힘의 결핍 때문에 모든 사람이 모든 사람에 대한 적이 되는 전쟁 상태에서는, 어떤 사람도 동료의 도움 없이는 그 자신의 힘이나 지력에 의해 자신을 파괴로부터 방어하기를 바랄 수 없다. 모든 사람은 그 밖의 다른 사람들이 기대하는 동맹에 의한 그와 같은 방어를 기대하는 것이다. 그러므로 그들 돕는 사람들을 속이는 것이 이성적이

---

13) *Leviathan*, ch. 15, pp.133~134.

라고 하는 사람은 도리상 그 자신의 힘으로 얻을 수 있는 것 이외에 다른 안전의 수단을 기대할 수 없는 것이다.

홉스는 이러한 경우를 가정함으로써 다른 한 쪽이 이미 신약을 준수했거나 상대자로 하여금 이행케 할 힘을 소유하고 있을 경우 자신에게 이익이 된다고 판단해서 신약을 깨버리는 사람이 그러한 선택을 자신의 이성과 일치하는 행위를 했다고 생각하는 것이 잘못된 판단, 즉 오히려 이성에 반하는 행위임을 보이고자 한다. 즉, 개인들이 자신들의 자연권의 일부를 상호 양도함으로써 주권이 확립되고, 이 주권을 주권자에게 위탁함으로써 신약이 이루어진다. 결국 사회계약은 이와 같은 이중의 행위를 통해서 최종적으로 완결된다.

홉스에 의하면, 자신의 이익을 위해 신약을 깰 수 있다고 선언하는 사람은 평화와 방어를 위해 단결한 어떤 사회에도 용납될 수 없으며, 사람들의 과오에 의해서만 용납된다. 그리고 그가 받아들여졌다 하더라도 그는 그들의 과오가 갖는 위험을 느끼지 않은 채 그 속에 머물 수는 없다. 즉, 그는 그들이 자신들의 잘못된 판단을 깨닫고 언젠가 자기를 응징할지도 모른다는 불안을 느끼면서 살아가게 될 것이다. 때문에 사람은 이러한 과오를 그의 안전의 수단으로 삼기 어려우며, 따라서 그들의 과오에 기대어 살아가기를 합리적으로 기대할 수는 없다. 그러므로 만일 그가 이성에 반하는 행위를 하면서도 그 사회 안에서 산다면, 그것은 다만 그가 예견하거나 기대할 수 없는 타인의 과오에 의해서 운 좋게 그렇게 하고 있는 것일 뿐이다. 결국 이는 자기 보존의 이성에 반하는 것이다. 그를 단죄하는 데에 나서지 않는 것은 다만 그들이 무엇이 자신들에게 이익인지에 대해서 무지하기 때문에 그를 용납하고 있는 것이다.

홉스는 이런 논의를 통해 신약을 깨뜨리는 것이 아니라 지키는 것, 즉 "정의로서의 신약의 준수는 그것에 의해 우리가 우리의 생명에 파괴적인 어떤 일을 하는 것이 금지되는 이성의 법칙이며 자연법이다"[14]라는 점을 밝히고 있다. 그럼에도 불구하고 홉스가 경계하고 있는 것은 신약을 준수케 하는 강제적인 권력이 없는 경우, 인간은 누구나 자연적 정념에 지배되어 자신의 이익을 위한다는 명분 아래 자신의 이성에 반하는 행위를 할 수 있는 가능성을 안고 있다. 따라서 이런 무법 상태에서 약속 이행이 이루어지리라 기대하는 것은 서로에게 합리적이지 못하다.

홉스에 의하면 국가의 목적은 개인의 안전이다. 따라서 국가는 우리의 평화와 보호를 항구적으로 의탁할 수 있는 그런 존재이어야 한다. 홉스에 의하면, 자연법은 결코 개인의 안전을 지켜주지 못한다. 왜냐하면 이성이 발견한 자연법은 이를테면 정의, 평등, 온화, 자비심 등과 같은 것을 준수하도록 하는 어떤 힘에 대한 공포가 없으면 인간을 편파성, 자만심, 복수심 등으로 이끌어 가는 자연적 정념과 상치하는 것이기 때문이다. 즉, 홉스는 "모든 위대한 사회와 영구적인 사회의 기원을 사람들 서로간의 상호적 선의

---

14) *Leviathan*, ch. 15, p.134.

가 아니라 공포"[15]에 있는 것으로 본다. 이를 홉스는 간단명료하게 "칼 없는 계약은 말에 지나지 않고 인간을 보호할 힘이 전혀 없다"[16]라고 표현하고 있다. 더욱이 그것은 소수의 인간들의 결합으로도, 각자의 판단과 욕구에 지배되는 다수로부터도 얻을 수 없다. 따라서 홉스는 인간에게는 그 자신에 대한 구속을 허용하고 그 결과로서 자신의 보전과 더욱 만족스런 삶을 획득함으로써 인간의 자연적 정념이 필연적으로 초래하는 처참한 자연 상태에서 스스로 벗어나고자 하는 희망을 충족시켜 줄 수 있는 그런 국가가 필요하다고 주장한다.

"인간을 외적의 침입과 상호간 상해로부터 방어할 수 있는 국가를 수립하는 유일한 방법은 그들 모두의 권력과 힘을 하나의 인물 또는 집단의 인간들에게 부여해서 그들 모두의 의사를 다수의 소리에 의해 단일 의사로 만드는 것이다. 그리고 그로 인해 인간은 그들 자신의 노력과 대지의 열매에 의해 그들 자신을 자라게 하고 만족스럽게 살 수 있도록 보장받게 된다."[17]

따라서 홉스에게 국가란 인간이 그들의 인격을 책임지는 하나의 인물 또는 집단의 인간들을 지명하는 것이며, 그에 의해서 그들의 공동 평화와 안전을 책임지게 하는 자이다. 홉스는 이는 "만

---

15) *De Cive*, ch. 1, p.6.
16) *Leviathan*, ch. 17, p.154.
17) *Leviathan*, ch. 17, p.157.

인이 그들의 의사를 그의 의사에, 그리고 그들의 판단을 그의 판단에 복종시키는 것"으로서, 이는 "나는 당신들이 그에게 당신의 권리를 포기하고 그와 같이 그의 모든 행동을 승인한다는 조건하에 내 자신을 지배하는 내 권리를 이 사람 또는 이 집단의 사람들에게 포기하고 승인한다"[18]라고 말하는 것과 같다고 한다.

홉스는 국가를 다음과 같이 정의한다.

> "국가는 다수가 상호간의 계약에 의해 스스로 모든 사람을 그것의 행동의 창시자로 만들었고, 그것은 그들의 평화와 공동 방위를 위해서 편리하다고 생각하는 대로 그들 모두의 힘과 수단을 끝까지 사용할 수 있는 하나의 인격이다."[19]

이러한 하나의 인격으로서의 국가의 목적은 개인의 안전이다. 그리고 이 안전은 평화의 실현을 통해 확립된다. 그리고 인간이 국가라는 인위적 장치를 통해 자신에 대한 구속을 도입하는 궁극적인 동인이나 목적 및 의도는 "그들 자신의 보전과 그로 인한 더욱 만족된 삶에 대한 안목, 즉 자연법의 준수와 그들 계약의 이행에 대해 그들을 두렵게 하고 처벌에 대한 공포로 그들을 옭아매는 가시적 힘이 없을 때 인간의 자연적 정념에서 스스로 벗어나고자 하는 안목이다."[20]

---

18) *Leviathan*, ch. 17, p.158.
19) *Leviathan*, ch. 17, p.158.
20) *Leviathan*, ch. 17, p.153.

홉스는 인간들 상호간에 처해 있는 문제 상황과 이를 해결하기 위한 인간의 노력이 갖는 특징을 인간과 달리 이성과 언어를 소유하지 못한 동물들이 보여주는 행태와 차이점을 부각시킴으로써 분명히 보여주기도 한다. 홉스는 꿀벌과 개미 같은 동물들도 인간처럼 사회적 생활을 하고 있지만 인간이 그들과 같은 방식으로 생활할 수 없는 이유를 단적으로 "그들의 개체적 판단과 욕구 외에 다른 지향성이 없으며, 이들 중의 하나가 공동 이익에 편리하다고 생각하는 바를 다른 놈들에게 전달할 수 있는 언어를 갖지 못했다"[21]는 데서 찾고 있으며, 이를 토대로 인간이 저 동물들과 다른 점들을 여섯 가지로 예시하고 있는데, 이는 홉스가 인간을 이해하는 방식을 단적으로 엿볼 수 있는 기회를 제공한다.[22]

첫째, 명예와 위엄을 위해 인간은 계속적으로 경쟁하고 있는 데 반해 이들 동물들은 그렇지 않다. 그리하여 결과적으로 인간들 간에는 그러한 근거에서 시기와 증오가 일어나며, 결국에는 전쟁이 일어나지만 이들 동물들은 그렇지 않다.

둘째, 이들 동물들 사이에는 공동 이익이 사적 이익과 다르지 않으며, 선천적으로 그들의 이익에 기울어지는 버릇이 있는 까닭에 그들은 그로 인해 공동 이익을 획득한다. 그러나 인간은 그의

---

21) *Leviathan*, ch. 17, p.156.
22) *Leviathan*, ch. 17, pp.156~157.

즐거움이 자신을 타인들과 비교하는 데 존재하기 때문에 우세한 것 이외의 어떠한 것도 좋아할 수가 없다.

셋째, 이러한 동물들은 (인간처럼) 이성을 구하지 않기 때문에 그들 공동의 사업 운영에 있어서 어떠한 과오를 찾아내지도 않으며, 또 찾아낸다고 생각하지도 않는다. 반면 인간들 중에도 대중 (publique)을 다스리는 데 있어서 다른 사람들보다 현명하고 유능하다고 자부하는 사람들이 대단히 많으며, 이들은 그들 방식대로 개혁과 쇄신을 기하고자 노력하며, 그로 인해 상충과 내전을 초래한다.

넷째, 이들 동물들은 그들의 욕망과 애착을 다른 놈들에게 알리는 데 있어서 소리를 사용하기도 하지만 언어의 기술은 부족하다. 인간은 언어의 기술에 의해 무엇이 악과 비슷한 선이며 무엇이 선과 비슷한 악인가를 타인에게 표현할 수 있고, 선과 악의 명백한 위대성을 증감할 수 있으며, 그렇게 함으로써 그들 좋을 대로 인간을 불만스럽게도 하고, 그들의 평화를 혼란시키는 것이다.

다섯째, 비이성적 동물들은 상해와 피해를 구별할 수 없으므로 그들이 안전한 한 그들의 동료들에게 반감을 갖지 않는다. 반면에 인간은 그들이 가장 편안할 때에 가장 곤란하다. 왜냐하면 그때는 인간은 그의 지혜를 과시하고 국가를 다스리는 자들의 행동을 규제하고 싶어하기 때문이다.

여섯째, 이러한 동물들의 합의는 선천적인 것이지만 인간의 합의는 인위적인 계약에 의해서만 이루어지는 것이다. 그러므로 인간의 합의를 항구적이고 지속적으로 만들기 위해서 (계약 이외에) 다른 어떤 것이 요구된다고 할지라도 전혀 놀랄 것이 못된다. 이것은 인간을 두렵게 하고 그들의 행동을 공동 이익에 따르게 하는 공동 권력이다.

2. 주권자의 권한과 의무

홉스에게 국가란 "하나의 인격에 있어서 통일된 다수"이며 "만인의 상호계약에 의해서 창조된 단일인격"이다. 또한, 홉스의 주장에 따르면, 주권자가 존재하지 않는 한 어떤 사회도 국가도 존재하지 않으며, 모든 국가의 주권은 절대적이어야 한다. 홉스는 "인격을 획득한 자를 주권자"라 부르고, 그러한 자는 "주권을 소유한다"고 말한다.[23]

홉스에게 주권자로서의 국가는 하나의 통합체로서 정의와 부정의와 마찬가지로 법률적으로 정의된다. 공동체로서의 국가(commonwealth)는 다수의 사람들에 의해 단일의 법적 인격체로 구성되어야 하고, 각 개인은 이러한 법적, 시민적 그리고 인위적 인격체의 의지를 자신의 의지로 삼아야 한다. 이와 같은 법적 인격체,

---

23) *Leviathan*, ch. 17, p.158.

즉 주권자가 바로 홉스가 말하는 국가 공동체이다. 이런 점에서 홉스는 국가 혹은 공동체를 하나의 '인격'으로 정의한 최초의 인물이었다고 할 수 있다.24)

홉스는 국가를 "획득에 의한 국가"와 "정치적인 국가 또는 제도화된 국가"로 구분한다. 획득에 의한 국가는 "주권이 자연적인 힘, 특히 폭력에 의해서 획득되는 경우의 국가"로서 이때의 주권은 "사람들이 단독으로 또는 다수가 이구동성으로 죽음이나 속박의 두려움 때문에, 그들의 생사여탈권과 자유를 장악하고 있는 인물 또는 집단의 모든 행동을 승인할 때 폭력으로 획득되는 것이다."25) 반면에 제도화된 국가는 "인간들이 상호간에, 모든 타인으로부터 그에 의해 보호된다는 신뢰에 의해 자발적으로 어떤 인간 또는 인간의 집단에 복종하기로 동의하는 경우이다."26)

양자의 유일한 차이는 그것이 자발적인 동의나 합의에 의한 것인지에 있다. 따라서 전자는 죽음이나 폭력에 대한 두려움에서 나온 강제적 성격의 합의라는 점에서 자연법에 반하는 것이며, 이미 정의로운 국가가 아니다. 이처럼 "죽음이나 폭력에 대한 두려움에서 나오는 모든 합의는 무효이며, 누구든 이에 복종할 의무는 없으며, 구속력도 없기에"27) 언제든 파기될 수 있는 것으로서 자연상태의 또 다른 연장에 지나지 않는다.

---

24) 리차드 턱, 『홉스의 이해』, p.174.
25) *Leviathan*, ch. 20, p.185.
26) *Leviathan*, ch. 17, p.159.
27) *Leviathan*, ch. 20, p.186.

홉스는 합의와 계약에 의해 제도화된 국가의 주권자에게 다음과 같은 권리들을 부여한다. 이는 동시에 신민에게는 그에 따른 의무가 부과된다는 것을 의미한다.[28]

먼저 첫 번째, 신민은 국가의 정체(政體)를 마음대로 변경시킬 수 없다. 신민은 계약에 동의했기 때문에 이 계약에 배치되는 어떤 것에 대해서도 의무를 갖지 않는다. 따라서 이미 국가를 제정한 사람들은 그로 인해 계약에 의해 한 사람의 행동과 판단을 소유하도록 되어 있기 때문에, "모든 일에 있어서 국가의 허락 없이는 다른 사람에게 복종하는 새로운 계약을 합법적으로 체결할 수 없다."[29]

다시 말해서 신민은 주권자의 허락 없이 정체를 변경시킬 수 없으며, 그들의 인격을 다른 인물이나 집단에게 양도할 수도 없다. 홉스는 권리를 한번 양도했으면 그 이후에 그것은 양도받은 주권자의 권리와 권한에 속하는 것이기 때문에 계약을 무시하고 신민이 주권자를 자의적으로 처단하고 심판하거나 심지어 주권자를 폐위시키거나 한다면 그것은 곧 그들 자신의 것을 박탈하는 것이나 마찬가지라고 간주한다. 때문에 만일 자신의 군주를 폐위시키려고 기도하는 자가 그로 인해 군주에 의해 살해되거나 처벌받게 된다면 홉스는 그것은 그 스스로가 자초한 것이며, 군주에

---

28) *Leviathan*, ch. 18, pp.160~167.
29) *Leviathan*, ch. 18, p.160.

의해 처벌받을 수 있는 일을 했다는 것만으로도 그는 부정을 저지른 것이라고 한다.

두 번째, 홉스는 주권자와 신민 간의 계약 행위를 쌍무적인 관계가 아니라 일방적인 관계로 설정하는데, 이는 그가 주권을 어떤 경우에도 찬탈될 수 없는 것으로 보는 데서 여실히 드러난다. 홉스는 모든 사람들의 인격을 떠맡는 권리는 그들 중의 어떤 사람과 군주와의 계약에 의해서가 아니라 그들 상호간의 계약에 의해서 그들이 군주로 추대한 인물에게 주어지는 것이기 때문에, 군주 측에서의 계약 위반은 일어날 수 없다고 말한다. 따라서 군주의 신하들 그 누구도 찬탈을 구실로 주권자의 예속으로부터도 또한 해방될 수 없다.

세 번째, 홉스는 다수의 동의에 의해 주권자를 선언했기 때문에 동의하지 않은 사람 역시 주권자가 행하는 모든 행동을 승인하는데 동의해야만 하고, 그렇지 않으면 나머지 사람들에 의해 살해된다 하더라도 이는 정당한 것으로 본다. 다시 말해 동의한 자와 동의하지 않은 자들 간에는 다시 전쟁 상태가 초래될 것이고 이런 경우에 양 진영 중 어느 한 쪽이 다른 쪽을 해친다고 해서 그것은 부정이나 범죄가 아니며, 결과적으로 다수에 의해 소수가 피해를 보게 될 것이므로 동의하지 않은 소수의 사람들도 주권자에 복종할 의무를 다해야 한다.

네 번째, 신민은 제도화된 주권자의 모든 행동과 판단의 창조자이기 때문에 그가 하는 행동은 어느 누구에 의해서도 부정하다고 비판되어서는 안 된다. 다시 말해 주권자의 유해한 행위를 불평하는 사람은 자신이 창조한 것에 대해서 불평하는 것이 되는데, 자신에게 유해한 행위를 한다는 것은 불가능하기 때문에, 어떤 사람도 자기 자신이 그러한 행위의 창조자이기도 한 주권자를 비판해서는 안 된다. 홉스는 덧붙여 주권을 소유한 자가 비록 불평등을 범할 수 있다는 것은 사실이지만, 정당한 의미에서 부정이나 유해한 행위를 범할 수는 없다고 못박는다.

다섯 번째, 주권자가 행하는 일체의 행위는 신민에 의하여 정당하게 처형되거나 또는 여하한 방식으로도 처벌될 수 없다. 왜냐하면 모든 신민은 그의 주권자의 행위의 창조자이며, 또한 그 자신이 범한 행위 때문에 타인을 처벌하는 것이 되기 때문이다.

여섯 번째, 국가 제도의 목적은 만인의 평화와 방위이기 때문에 이 목적에 대한 권리를 갖는 주권자는 그 수단에 대한 권리를 가지며, 이를 위해 필요한 사항들을 결정하는 재판관이다. 따라서 평화에 필요한 것으로서 판관이 되거나, 또 사상과 이론에 관한 재판관을 구성하여 그것으로써 불화와 내란을 방지하는 것은 주권을 소유하는 사람에게 속하는 사항이기 때문에, 주권자는 어떤 이론이 평화에 대해 유해하거나 유익한지, 그래서 신민들이 배워야 하는 이론이 무엇인지도 결정할 수 있는 재판관이다. 말하자면 홉스는 인간의 행위는 그들의 사상으로부터 연유하기 때문에 인간의 평화와 조화를 위해 인간의 행위를 훌륭히 다스리자면 사상을 훌륭히 다스려야 한다고 보고 있다. 이런 홉스의 태도는 "평화에 배치되는 이론은 자연법에 반대되는 평화와 조화가 그러하듯이 진리일 수 없다"[30)라는 간명한 말로 표현할 수 있다.

일곱 번째, 주권에는 규칙을 규정하는 전권이 부여된다. 주권의 설정 이전에는 만인은 만물에 대한 권리를 가졌으며 그것은 필연적으로 전쟁을 일으키게 되는데, 계약을 통해 확립된 주권자가 소유하는 규칙 제정의 전권은 전쟁을 종식시키고 평화를 가져오는 데 필수적이다. 이처럼 공중의 평화를 위한 주권의 행위는 평화를 가져오기 위해서는 필수적인 것이다. 이 전권에 의해서 모든 사람은 비로소 그의 동료 신민들 중의 누구에 의해서도 방해받지 않고 그가 향유할 수 있는 선이 무엇이며, 그가 할 수 있는 행동이 무엇인지를 알 수 있게 된다.

여덟 번째, 주권에는 사법권이 추가된다. 따라서 모든 사법권과 논쟁 결정권은 주권자에 속한다. 사법권은 시민법이나 자연법 또는 사실에 관해 일어날 수 있는 모든 논쟁을 청문(聽聞)하고 결정하는 권리이다. 논쟁을 적절히 해결해 주지 않는다면 다른 신민의 상해로부터 신민을 보호할 수 없게 되고, 결국 자유물과 타유물에

---

30) *Leviathan*, ch. 18, p.164.

관한 법은 허사가 되고 말기 때문이다. 다시 말해 만인에게는 그 자신의 보존에 대한 선천적 내지는 필연적인 욕망으로부터 생기는 그의 개인적 힘에 의해 자기 자신을 보호하려는 권리가 잔존하는데, 이를 그대로 방치하는 것은 곧 전쟁 상태에 다름 아니며, 이런 문제들 때문에 벌어지는 분쟁들을 조정, 해결하는 데 그 존재 이유가 있는 모든 국가의 목적에 배치되기 때문이다.

아홉 번째, 주권자는 그가 최선이라고 생각하는 바에 따라 다른 민족과 국가와의 전쟁과 평화를 조성하는 권리를 소유한다. 바꾸어 말하면 전쟁과 평화가 공중의 선을 위한 것일 때 얼마나 많은 병력을 모집하고 무장하며 급여액을 정할 것인가를 결정하며, 거기에 대한 경비를 조달하기 위해 신민들에게 어떻게 과세할 것인가를 판정하는 권리를 소유한다. 인민이 그에 의해 방어되는 힘은 그들의 군대에 존재하고, 군대의 힘은 하나의 지휘 아래 결속된 그들의 힘의 동맹에 존재하기 때문이다. 그리고 다름 아닌 이런 군대의 지휘권을 소유하게 되는 주체가 주권이다. 여기서는 강력한 물리력의 소유에 대한 홉스의 적극적인 지지를 엿볼 수 있다. 왜냐하면 홉스는 다른 제도 없이도 군대의 지휘권을 가진 자가 곧 주권자라고 보고 있으며, 따라서 군대의 지휘권을 가진 자는 누구나 주권을 가진 자로서 우두머리가 되기 때문이다.

열 번째, 주권자는 전쟁과 평화시에 자문관과 장관을 선정할 권리를 소유한다. 주권자에게는 공동 평화와 방위라는 목적이 맡겨

지기 때문에, 그는 그의 임무 수행에 가장 적합하다고 생각하는 수단을 사용할 힘을 갖는 것으로 이해된다.

열한 번째, 주권자는 상벌권을 소유한다. 즉, 그가 이전에 제정한 법에 따라 모든 신민들에게 재산이나 명예로 상을 수여하고, 신체적·금전적 형벌로써 또는 불명예로써 형벌을 내리는 권한이 추가된다. 만일 제정된 법률이 없다면, 국가에 봉사하도록 인민을 고무시키는 데 가장 유익하거나 국가에 위해를 가하지 못하도록 하는 데 가장 유익하다고 그가 판단하는 데 따라 이를 행하는 권리가 부가된다.

마지막 열두 번째, 주권자는 국가에 대해서 봉사했거나 훌륭히 봉사할 수 있는 인물들에 대한 서작(敍爵) 및 서훈(敍勳)의 권리를 소유한다.

이상과 같은 홉스가 제시한 주권자의 권리와 신민의 의무 중에서 주권자의 첫째 가는 권리는 처벌권이다. 이것은 당연히 모든 신민이 저항권을 근본적으로 포기하기로 동의한 것으로부터 유래한다. 어느 신민도 주권자가 계약을 파기했다고 주장하면서 주권자에 대한 복종으로부터 자유로워질 수 없다. 주권자는 어떠한 신민하고도 계약을 체결하지 않았으며 계약 자체는 신민들 사이에서만 있었기 때문이다. 주권자는 어느 누구하고 계약을 체결한 것이 아니기 때문에, 오로지 그만이 모든 사람이 자연 상태에서 가졌던 모든 권리를 보유하고 있다. 결과적으로 주권자는 어느 누구에게 해를 입히거나 부정의를 저지를 수 없는데, 부정의나 침해는 엄격한 의미 또는 법적인 의미에서 인간이 이미 계약에 의해 포기해 버린 권리를 가지고 있다고 전제하고 계약을 이행하지 않는 것에 다름 아니기 때문이다. 게다가 주권자는 각 신민들의 개별의지를 대표하기 때문에, 주권자를 침해 사실로 고소하는 사람은 그 자신을 고소하는 것인데, 자신에게 부정의를 행하는 것은 불가능하다. 그러므로 주권자는 그의 신민들에 의해 어떠한 방식으로든 정당하게 처벌될 수 없다. 이와 동일한 이유에서 입법적 권력 역시 주권자의 수중에 있지 않으면 안 된다.

홉스는 상술한 제 권리들이 주권의 중추를 이루는 것이며, 그것들에 의해 사람들이 어떤 인물 또는 인간집단에 주권이 위치하고 존재하는가를 판별할 수 있는 징표인 바, 이것들은 양도할 수도 분리할 수도 없는 것이라고 본다. 특히 이 권리들 중 어느 하나를 유보하게 된다면, 그 나머지 권리들의 보유는 국가가 설립된 목적인 평화와 정의의 보존에 있어서 어떤 효과도 내지 못할 것이라 하여 이들 권리에 대한 주권의 직접적 포기 없이는 어떠한 경우에도 양도될 수 없다고 단언한다.[31] 이처럼 홉스는 주권자에게 불가분리적이며 양도불가능한 권한을 귀속시킨다. 따라서 모든 국가의 주권은 절대적이어야 한다. 이에 함께 신민의 권력과 명예는 주권자의 앞에서는 당연히 소멸된다.

---

31) *Leviathan*, ch. 18, pp.167~168.

홉스에 의하면, 모든 사회적 권위는 주권자에게 집중되어야 한다. 주권자의 허가 없이는 어떤 다른 권위도 존재할 수 없다. 사회 내의 모든 권위는 주권자의 권위로부터 나온다. 즉, 주권자의 권력과 권위는 여타의 권위들의 원천이다. 심지어 홉스는 종교적 진리에는 객관적 기준이란 존재하지 않으며, 따라서 종교의식, 신앙고백, 종교서들의 규범, 교회행정 등에 발휘되는 모든 권위조차도 주권자에게서 부여받은 것들이라고 말한다. 다시 말해 홉스에게는 교회도 하나의 단체에 불과하다. 왜냐하면 홉스에게는 국가가 하나의 인공물이며, 교회는 이러한 주권자로서의 국가라는 인격 속에 결합된 인간들의 집단이라서 결코 국가로부터 분리해서 생각할 수가 없는 성질의 것이기 때문이다.

홉스에 의하면, 정치단체의 대표자의 권력 역시 법에 의해서 제한된다. 즉,

"정치단체에 있어서 대표권은 항상 제한되며, 그 대표권에 대한 제한을 규정하는 것은 주권이다. 무제한한 권력은 절대주권이기 때문이다. 그리고 모든 국가에 있어서의 주권자는 모든 신민의 절대적인 대표자이며, 따라서 어느 누구도 그가 허가하는 정도를 넘어서 그들의 어느 부분의 대표가 될 수 없다."[32]

홉스는 신민의 정치단체에 절대적 권위를 갖는 대표자를 허용하는 것은 평화와 방위에 반하여 국가의 통치를 포기하고 영토를

---

32) *Leviathan*, ch. 22, p.211.

분할하는 것이 된다고 생각한다.[33] 심지어 홉스는 모든 사적 토지 재산 역시 원천적으로 주권자의 자의적 분배로부터 연유하는 것으로 본다.

> "우리는 신민이 그의 토지에 대해 갖고 있는 소유권은 모든 다른 신민이 그것을 사용하지 못하도록 배제하는 권리에 있는 것이지, 그들 주권자가 집단이든 군주이든 간에 주권자를 배제하는 권리에 있는 것은 아니라고 추론할 수 있다. 주권자, 즉 국가는 (그것의 인격을 주권자가 대표한다) 공동의 평화와 안전을 위해 행해지는 것으로 이해될 수 있기 때문이다."[34]

또 홉스는 주권자가 설혹 편견에 의해 잘못된 분배를 실행하는 것은 어떤 것이든지 자신의 평화와 안정을 그의 자유재량과 양심에 위임한 모든 신민의 의사에 반하는 것이며, 따라서 이처럼 주권을 가진 군주나 주권을 가진 집단의 대부분이 그들 자신의 양심을 거슬러 자신의 정념을 추구하고 많은 사물의 행위를 명령할 수 있는 것은 "신뢰와 자연법을 파기하는 것"이긴 하지만, 그럼에도 불구하고 이를 규탄하거나 욕하는 행동을 타당한 것으로 보기는 어렵다고 본다. 왜냐하면 "그들은 모든 그의 행동을 승인했으며, 주권을 행사하는 권력을 부여함으로써 그의 모든 행위를 그들 자신의 행위로 인정했기"[35] 때문이라는 것이다.

---

33) *Leviathan*, ch. 22, p.211.
34) *Leviathan*, ch. 24, p.235.
35) *Leviathan*, ch. 24, p.235.

그렇다면 이처럼 신민들 모두의 의사에 의해 무효화될 수도 있는 주권자의 행위가 신뢰와 자연법을 파기하고, 따라서 그의 명령이 공평성과 자연법에 배치됨에도 불구하고 그의 행동은 신민의 지탄으로부터도 면책되어야 하는 것일까? 또 홉스는 어떻게 그의 인간 본성론에 근거하여 이런 절대적 수준의 권력을 주권자에게 부여할 수 있었을까? 일차적으로 홉스가 주권자에 부여한 무제적인 권력과 권한은 현실적인 정치권력에 대한 고려 없이 전적으로 국가라는 가공물에 대한 순수한 논리적 분석의 결과이다. 그렇다면 과연 이러한 논리적 추론은 정당한 것이라고 할 수 있을까? 이러한 의문은 홉스가 자연법을 주권자의 권력 사용과 결부시키고 있다는 점을 고려하면 해소될 수 있는 문제라고 생각된다.

　기본적으로 홉스의 주권 개념은 그의 인간 본성에 관한 심리학적 이론이 지닌 반사회적 성격을 상쇄시키기 위한 하나의 논리적 가설이라 할 수 있다. 홉스의 인간론에 따르면, 인간 본성의 두 원천인 욕망과 이성, 자기 보존과 평화라는 두 요소는 그 자체로는 서로 조화하기 어려운 성격의 것들이다. 홉스가 자연법에 기초를 둔 국가의 필요성과 동시에 국가주권론을 옹호한 것은 바로 이 이질적 요소들을 한데 조화시킬 수 있는 가능성을 거기서 찾을 수 있다고 생각한 셈이다. 전쟁 상태의 종식과 항구적인 평화 상태의 달성이라는 두 마리 토끼를 모두 잡을 수 있는 유일한 방도가 자연법을 근간으로 한 그의 주권이론과 절대권력론으로 나타난 것이라 할 수 있다.

　우선 획득에 의한 것이든 아니면 제도에 의한 것이든 일단 주권자가 한 국가를 통치하게 되면, 신민은 주권자에게 복종할 의무가 있지만, 엄격한 의미에서 주권자가 우리에게 복종할 책임이란 없다. 홉스는 국가계약이란 계약 당사자인 신민들 상호간의 계약이지 그것이 주권자를 계약 당사자로 한 그와의 계약은 아니었음을 강조한다. 또 자연권의 포기도 주권자에 대한 승인을 전제한다. 다시 말해 계약의 최대 수혜자는 주권자라 할 수 있다.[36]

하지만 주권자도 자연법과의 관계로부터 완전히 자유로울 수 없기 때문에 주권자도 의무를 갖는다. 이 의무는 일차적으로는 개인이 자신의 자연권을 양도하고자 한 목적에 부합하는 혜택들을 신민들이 향유하도록 해야 하는 의무인데, 홉스는 이에 해당하는 것으로 네 가지를 들고 있다.

> "신민들의 혜택은 네 가지로 분류할 수 있다. (1) 외부의 적으로부터의 보호, (2) 국내에서의 평화의 보존, (3) 공공의 안전에 부합하는 부의 축적, (4) 무해한 자유의 향유."[37]

그러나 이와 같이 정치공동체의 유지를 통한 개인들의 생명과 안전을 최대 목적으로 하는 이른바 신민에 대한 주권자의 의무는, 주권자가 그것을 제대로 이행하지 않았을 경우에 주권자에게 책임을 물을 수 있는 강제력을 소유하고 있지 못하다는 점에서 일

---

36) A. Ryan, "Hobbes's political philosophy", in *The Cambridge Companion to Hobbes*, (ed.) T. Sorell, Cambridge University Press, 1996, p.231 참조.

37) *De Cive*, ch. 13, p.169.

종의 자기 의무적 성격을 갖는다. 때문에 홉스에 의하면, 주권자는 오직 자기 자신에 대해서만, 즉 아무런 외적 강제도 주어지지 않는 자연법에 대한 의무만을 갖는다. 다시 말해서 자연법이 주권자를 구속하고 있기 때문에 주권자는 지상의 어떤 권위에도 의무를 지지 않지만, 신에 대한 의무는 져야 한다.[38] 따라서 주권자는 자연법이 금하거나 명하는 것에 대한 내적 의무 또한 마땅히 져야 한다.

하지만 비록 주권자의 이와 같은 의무를 자기 자신에 대한 의무로 부를 수 있다 하더라도 그러한 의무는 기본적으로 가언적이다. 이 문제는 홉스의 자연법이 정언 명령인지 가언 명령인지를 놓고 벌이는 견해 차이와 비슷한 성격을 갖는다. 맥퍼슨의 주장에 따르면, 홉스의 자연법은 가언 명령이다.[39] 그렇다면 주권자의 자기 의무도 당연히 가언적이다. 그러나 그것이 의무인 한 여전히 도덕적인 성격을 갖는다. 이런 가언적 명령으로서의 도덕적 의무를 정언적 명령의 도덕적 의무로 만들려는 것이 바로 홉스의 사회계약이요, 또한, 비록 여전히 주권자 자신은 이러한 제약에서 벗어나 있지만, 그의 주권이론이라 할 수 있다.

---

38) Cf. *De Cive*, ch. 6, p.83.
39) C. B. Macpherson, *The Political Theory of Possessive Individualism*, Oxford University, 1962, p.72.

3. 정부의 역할과 기능

홉스에게 있어서 정부 형태의 차이 또한 전적으로 주권의 소재가 어디에 있느냐에 의해서 좌우된다. 모든 정부에는 주권적 권력이 어딘가에 분명히 존재하며 결국 차이는 누가 그 주권을 소유하는가에 의해서 결정된다. 이에 따르면 질서와 평화를 유지시키는 정부는 그것이 어떤 정부이든 결국 동일한 것이라 할 수 있다. 홉스에 의하면 정부는 힘의 요체이다.

홉스는 한편으로는 고립적인 평등주의적 개인주의에서 출발하지만, 다른 한편으로는 주권적 권력이 한 개인에게 주어지는 절대적인 군주제를 선호한다. 다시 말해서 앞에서 살펴본 바와 같이 홉스의 주권적 권력 즉 주권 개념은 실제로는 기본적으로 그러한 권력의 소재가 특정 개인이나 군주에게 있다는 것을 함축하는 것이 아니다. 그럼에도 홉스는 그것이 군주정처럼 특정인에게 귀속되는 통치 형태를 선호한다.

그러면 이와 같이 홉스가 기본적으로 서로 충돌하는 가치인 개인주의와 절대주의라는 양립불가능해 보이는 두 요소를 국가론 속에 나란히 병치시키고 있는 까닭은 무엇인가? 그것은 홉스의 부주의인가 아니면 의도적인 것인가? 홉스가 군주제를 선호한 것은 역설적으로 그가 개인주의를 철저하게 고수한 결과라고도 할 수 있다. 만일 군주제가 논리적 및 현실적 정당성을 갖는다면, 그것은 극단적 개인주의를 해결할 수 있는 유일한 방도로 간주될 수 있을 것이기 때문이다. 물론 다른 현실적 이유를 들어 홉스가 군주제의 필요성을 실감했을 수도 있다. 가령 가디너(Gardiner)는 일찍이 홉스의 정치이론을 국가를 내전으로 몰고 간 과격한 의회주의자들에 대한 반발로 야기된 사상이라고 주장하기도 했다.[40]

그러나 우리는 홉스의 절대주의(absolutism)를 일방적으로 해석하는 태도를 경계해야 한다. 홉스가 주권자에게 절대권력을 부여했다고 해서 그것이 곧 무차별적인 절대주의를 그가 승인했다고 보기에는 짚고 넘어가야 할 문제들이 적지 않기 때문이다. 실제로 홉스를 "절대주의의 원조"(father of absolutism)라 부르게 된 유일한 이유는 그가 입법부, 사법부, 행정부를 포함한 모든 권력을 하나의 중추 기관(one central organ)에 집중시켜야 할 필요성을 강변한 데서 연유한다.[41] 이런 시각으로부터 정치적 절대주의자, 도덕적 괴물, 권력의 선동자 등 홉스에 대한 이미지가 형성되기 시작했으나, 여기에는 분명히 과장된 면이 많다.[42] 그러나 무엇보다도 우리는 주권적 권력의 절대성과 절대주의를 구별하지 않으면 홉스의 주권이론의 가장 중요한 성격을 오해할 공산이 크다. 그 중 하나가 그의 정부론에서 간접적으로 엿볼 수 있다. 홉스가 군주제 정부 형태를 옹호한 진정한 이유를 살펴보는 가운데 그의

---

40) S. R. Gardiner, *History of the Commonwealth and Protectorate 1644~1656*, London: Longmans, Green and Co., 1903, Vol. II, p.77 이하.

41) L. Stephen, *Hobbes*, London: Macmillan, 1904, p.198.

42) 이런 시각과 견해에 대해서는 cf. S. P. Lamprecht, "Hobbes and Hobbism", in *American Political Science Review*, vol. 34, 1940, pp.31~53.

절대주의의 성격을 어느 정도 간파할 수 있을 것이다.

홉스는 주권을 대표하는 국가 형태 즉 정부 형태는 그 대표자의 수에 따라서 세 가지 종류만이 있다고 본다. 대표자가 한 사람일 경우에는 군주정치(monarchy), 대표자가 만인의 집단인 경우에는 민주정치(democracy) 또는 대중적 국가(popular common-wealth), 일부만의 집단이 대표자가 되는 경우에는 귀족정치(aristocracy)라고 불린다. 이처럼 한 사람, 다수 또는 만인이 불가분의 주권 전체를 소유하기 때문에 홉스는 이 밖에 다른 종류의 국가란 존재할 수 없다고 못 박는다.[43] 즉, 주권의 종류에 따라 정부의 형태가 구분된다. 달리 말해서 한 사람이 주권을 소유하는 군주정치, 일반적 신민의 집단이 주권을 소유하는 민주정치, 임명되거나 그렇지 않으면 나머지 사람과 구별되는 특정인물의 집단에 주권이 존재하는 귀족정치가 그것이다.[44]

그런데 홉스가 국가 형태를 이렇게 구분하면서 이들 세 종류의 정부 형태를 단순히 주권을 대표하는 수에 따라 그들 간의 본질적인 차이를 인식하고 있는 것은 당연히 아니다. 오히려 세 종류의 정부 형태를 바라보는 홉스의 관점이 무엇에 비중을 두고서 전개되고 있는지, 그리고 그 정당성 여부를 떠나서 왜 군주정치를 선호하고 옹호하려 했는지는 다음과 같은 홉스의 말에 아주 잘 드러나 있다.

---

43) *Leviathan*, ch. 19, p.171.
44) *Leviathan*, ch. 19, pp.177~178.

"이러한 세 종류의 국가 사이의 차이는 권력의 차이에 있는 것이 아니라 그 목적을 위하여 국가제도화된 평화와 인민의 안보를 이룩해 내는 기능이나 능력의 차이에 있다."[45]

홉스가 여기서 국가의 존재 이유와 통치의 목적 나아가 정부의 존재 이유 자체를 평화라는 단 하나의 목표에서, 그것도 그 목적의 효율적인 달성 여부에 초점을 두고 바라보고 있다는 것을 알 수 있다. 홉스가 상술한 항목들에서 주권자의 권리와 의무를 다양하게 제시하고 있는 것도 결국 그 심중에는 평화 달성을 위한 가장 효과적인 방도를 강구하려는 의도가 놓여 있으며, 그 각각의 이유에 대한 홉스의 정당화도 이에 초점을 맞추어서 전개되고 있다 할 수 있다. 이를 염두에 둔다면 우리는 홉스의 주장이 갖는 의미를 그의 고유한 관점에서 올바로 읽어낼 수 있을 것이다.

이와 마찬가지로 저들 세 가지 정부 형태 중에서 홉스가 군주정치를 높게 평가하는 이유도 분명해진다. 특히 홉스가 군주제를 선호하는 것은 분명하지만, 그가 통치권을 행사하는 정부의 권력이 한 사람만이 아니라 한 집단(assembly)에 집중될 수도 있음을 인정한 점에 주목해야 한다. 엄밀한 의미에서 군주정이든 귀족정이든 민주정이든, 홉스의 관점에서는 그 자체로는 다 같이 결함이 있는 정부 형태이다.[46] 다만 상대적 평가에 있어서만 홉스의 의

---

45) *Leviathan*, ch. 19, p.173.
46) *De Cive*, ch. 10, pp.130~135; *De Corpore Politico*, ch. 5, pp.166~169.

도에 부합하는 더 나은 정부 형태가 군주정일 뿐이다.

홉스는 평화와 안보를 실현할 수 있는 가장 현실적인 통치 형태로 군주정치를 꼽으면서, 다른 두 가지 통치 형태와 비교하면서 그 장단점을 여섯 가지로 구분하여 평가하고 있다. 그것은 다음과 같다.[47]

첫째, 인민의 인격을 책임지고 있는 사람과 그것을 책임지고 있는 집단의 한 사람이 누구든지 간에 그는 동시에 자신의 자연적 인격을 책임지고 있다. 그리고 공익을 획득하는 그의 정치적 인격에 있어서 그가 신중하다고 할지라도, 그 자신이나 그의 가족, 친척과 친구들의 사익을 획득하는 데는 덜 신중을 기한다. 그리고 만일 공익이 사익과 교차하게 되는 경우에는 대부분 그는 사익을 선택한다. 인간의 감정은 보통 그들의 이성보다 강하기 때문이다. 이로부터 공익과 사익이 가장 밀접하게 결합되는 곳에서는 사익이 가장 촉진된다는 결론이 도출된다. 군주정치에서는 사익과 공익이 동일하다. 군주의 부, 힘, 명예는 오직 그의 신민들의 부, 힘, 명성으로부터 나온다. 왜냐하면 신민들이 가난하거나 비열하고 너무나 취약하여 그들의 적과의 전쟁을 수행하지 못한다면, 그들의 왕은 부유하거나 영광스럽거나 안전할 수 없기 때문이다. 이에 반해서 민주정치나 귀족정치에 있어서는 공공의 번영이 불충스런 충고 및 배신적 행위나 내전처럼 부패하고 야심적인 한 사람의

---

47) *Leviathan*, ch. 19, pp.173~177.

개인적 재산에 기여하지 않는다.

둘째, 군주는 그가 좋아하는 사람과 좋아하는 때, 좋아하는 장소에서 자문을 구하고, 결과적으로 그가 택하는 데 따라 행동하기에 훨씬 앞서, 비밀리에 지위의 고하에 상관없이 그가 심사숙고하는 문제에 대해 정통한 사람들의 의견을 들을 수 있다. 그러나 주권자 집단이 자문을 필요로 할 때는, 처음부터 거기에 대한 권리를 갖는 사람들을 제외하고는 어느 누구도 용납되지 않는다. 그러한 사람들은 지식의 획득보다는 부의 획득에 더욱 정통한 사람들이 대부분이다. 그들은 사람들을 자극하여 행동하게 할 수 있고, 일반적으로 그렇게 하는 충고를 장시간의 대화를 통해 할 수는 있으나 국가 안에서 그들을 지배하지는 않는다. 왜냐하면 이해라는 것은 감정의 불꽃에 의해 결코 계몽되지 않으면서도 현혹되는 것이기 때문이다. 또 주권자 집단이 비밀리에 자문을 얻을 수 있는 장소와 시간은 그들 자신이 다수이기 때문에 존재할 수 없다.

셋째, 군주의 결의는 인간성의 불안정성 이외의 다른 어떤 불안정성에도 종속하지 않지만, 주권자 집단에서는 인간성의 불안정성 이외에도 수(數)로부터의 불안정성이 일어난다. 일단 결단을 내리게 하고 그것을 확고히 밀고 나가는 소수의 결석(그것은 안전, 태만에 의하거나 개인적 방해에 의해서 일어날 수 있다)이나 반대 의견을 가진 소수가 열심히 참석함으로써 어제 결정된 모든 것이 오늘에 와서는 폐기되고 말기 때문이다.

넷째, 군주는 시기심이나 이해관계 때문에 그 자신과 견해를 달리할 수 없으나, 주권자 집단은 의견 대립이 있을 수 있고 그것이 내란을 초래할 정도로 심해질 수 있다.

다섯째, 군주정치에 있어서는 어떤 신민이 총아나 아첨꾼의 증가로 인해 한 사람의 권력에 의해 그가 소유하는 모든 것을 박탈당할 수 있는 약점이 있는데, 이것이 군주정치의 커다란 그리고 불가피한 약점이다. 그러나 이와 같은 일은 주권자의 힘이 집단에 존재하는 곳에서도 마찬가지로 일어날 수 있다. 그들의 권력이 군주의 권력과 동일하고 그들은 군주가 아첨꾼에 의해서 그렇게 되는 것처럼 사악한 자문에 따르고 달변가에 의해 유혹되기 때문이다. 한 사람이 다른 사람의 아첨꾼이 되어 교대로 서로의 탐욕에 봉사하게 된다. 그리고 군주의 총신은 소수이고 군주의 친척 이외에는 어느 누구도 득세할 수 없는 반면에, 집단의 총신은 다수이며 그 친척도 어떤 군주보다 많은 것이다. 이밖에도 그의 적을 해치는 동시에 그의 친구를 구원할 수 없는, 군주의 총신은 존재할 수 없다. 그러나 달변가들, 즉 주권자 집단의 총신들은 해치는 힘은 많이 가지고 있으나 구원하는 힘은 거의 가지고 있지 않다.

여섯째, 군주정치의 약점은 주권이 유아나 선악을 구별할 수 없는 사람에게 세습될 수 있다는 것이다. 그리고 그의 권력은 다른 사람 또는 일부 사람의 집단이 사용하게 되고, 이들은 그의 인격과 권위의 후견인 및 보호자로서 그의 권리에 의해서, 그리고 그의 이름으로 통치할 수 있다. 그러나 주권을 제3자나 어떤 집단이 사용하는 것이 불리한 점이라고 말하는 것은, 모든 정부가 혼란과 내전보다 불리한 것이라고 말하는 것과 같다. 그러므로 현재화할 수 있는 모든 위험은 막대한 명예와 이익을 지닌 직책을 향해 경쟁자가 될 수 있는 사람들의 싸움으로부터 생기는 것임에 틀림없다. 이러한 약점은 군주정치라는 통치 형태로부터 생기는 것이라기보다는 신민들의 야망과 부정 그리고 그들의 야욕과 의무에 대한 무지의 탓으로 돌려야 한다.

홉스는 이들 세 가지 종류의 통치 내지는 정부 형태에는 그것을 증오하는 형태의 명칭들이 있는데, 군주정치 아래에서 불만을 갖는 사람들은 그것을 전제정치(tyranny)라고 부르며, 귀족정치에 혐오를 갖는 사람들은 그것을 과두정치(oligarchy)라고 부르며, 민주정치 아래서 고통받는 사람들은 그것을 무정부상태(anarchy)라고 부른다 하여 그 각각의 부정적 측면들을 분명히 인식하고 있음을 알 수 있다.[48] 그럼에도 불구하고 홉스가 유독 군주정치에 대해서 상대적 우월성을 부여하는 가장 중요한 이유는 그가 주권을 이해하는 독특한 방식에서 기인한다고 생각된다. 홉스에게 주권은 무엇보다도 다른 무엇으로도 침해할 수 없는 고유한 권한이다. 다시 말해서 홉스는 주권자라는 말에 이미 그것이 절대적 권력을 갖는 자라는 의미를 부여하고 있다. 따라서 이러한 주권적 권

---

48) *Leviathan*, ch. 19, pp.171～172.

력에 대한 제한을 허용하는 통치 형태란 이미 주권자의 위상에 어긋난다. 이러한 홉스의 태도는 다음과 같은 말에 잘 드러나 있다.

"권력이 제한된 왕은 그 권력을 제한하는 권력을 가진 사람이나 집단보다 우월하지 않으며, 우월하지 않은 자는 절대자가 아니다. 바꾸어 말하면 주권자가 아니다. 그러므로 주권은 항상 왕을 제한하는 권리를 가진 집단에 존재하며, 결과적으로 그 정치는 군주정치가 아니라 민주정치이거나, 왕이 그들의 군대를 통솔할 특권은 가지나 주권은 민선장관(ephoros)에게 있었던 옛날의 스파르타와 같은 귀족정치이다."[49]

더 나아가 홉스는 평화 유지를 위한 최적의 수단으로 선택한 통치 형태가 지속적으로 평화와 안보를 유지하기 위해서는 필수적으로 통치권 내지는 통치 형태를 인위적으로 승계하는 것이 중요한 문제임을 지적한다. 홉스는 이를 '계승권'이라는 주제하에 다루고 있다.

"인간의 평화 유지를 위해서 인위적 인간을 위해 취해지는 질서가 있는 것처럼, 생명의 인위적 영원성을 위해 취해지는 질서도 있을 필요가 있다. 그것 없이는 집단에 의해 통치되는 사람들은 연년세세 투쟁 상태로 복귀하게 될 것이며, 한 인물에 의해 통치되는 사람들은 그들의 통치자가 사망하자마자 바로 투쟁 상태에 빠질 것임에 틀림없다. 이러한 인위적 영원성이 사람들이 부르는 계승권인 것이다."[50]

---

49) *Leviathan*, ch. 19, p.179.

홉스의 계승권에 대한 인식은 그가 평화 달성을 위한 이상적인 통치 형태에 대해서 어떤 생각을 갖고 있는지를 아주 잘 보여준다. 홉스는 "계승의 처리권이 현재의 주권자에게 있지 않은 곳에서는 완벽한 통치 형태는 없다"51)라고 잘라 말하고 있다. 가령 민주정치에서는 통치받는 민중이 파멸하지 않는 한 전체의 집단은 파멸할 수 없기 때문에 계승권의 문제는 통치 형태 안에 있지 않다고 본다. 이는 홉스가 민주정치를 어떻게 생각하고 있는지를 잘 드러내 준다.

다음으로 주권자 집단에 의한 통치 형태인 귀족정치의 경우에는 사망이나 사고로 인한 공석 승계를 위한 계승권은 그 집단에 속한다. 나머지 사람들에 의한 권한 행사가 기본적으로 실행될 수 있다는 점에서 그들 집단의 계승권은 유지된다고 할 수 있다. 그런데 홉스는 계승권에 관한 최대의 난점은 군주정치라는 통치 형태 속에 존재한다고 본다. 그 이유로 홉스는 두 가지를 들고 있는데, 하나는 누가 후계자를 지명하느냐가 명백하지 않은 경우이며, 또 하나는 후계자를 임명하는 사람이 임명한 후계자가 누구냐가 명백하지 않은 경우이다. 홉스는 이런 경우들이 발생할 때를 대비해 이를 더욱 분명히 할 필요를 강조하면서 이 문제를 "누가 세습권을 결정하느냐" 하는 문제, 즉 주권자의 권위를 가지는 군주의 후계자를 누가 지명하느냐의 문제로 인식한다. 특히 이와 같은

---

50) *Leviathan*, ch. 19, p.180.
51) *Leviathan*, ch. 19, p.180.

권리의 소재와 성격을 분명히 해두어야 함은 만일 본연의 주권을 행사하는 사람의 사망은 대중을 주권이 없는 상태, 즉 그들이 그 속에서 단결하고 어떠한 단일 행동을 할 수 있는 대표자가 없는 상태에 처하게 만들며, 이는 "군주정치의 최초의 제정 목적과는 반대로 혼란과 만인에 대한 만인의 전쟁 상태로 복귀하는 것"을 의미하며, 때문에 홉스는 "군주정치의 제정에 의해 후계자의 해결은 항상 현재의 주권 소유자의 판단과 의지에 달려 있다는 것은 명백하다"고 말한다.[52] 결국 이와 같은 성격의 홉스의 정부론은 이론적으로 군주정치를 옹호하는 논리를 넘어서 실제적으로 존재하는 어떠한 정부도 정당화시켜 주는 결과를 초래하게 된다. 이것이 실질적인 홉스의 의도였는지는 별개로 하더라도 홉스 이론의 매력을 상당히 약화시키는 측면이라고 할 수 있다.

홉스는 계승권과 세습권과 관련하여 주권을 소유한 군주가 그의 권력의 계승과 세습을 위해 지정한 사람이 누구냐 하는 문제에 대해서는 그의 분명한 말과 유언, 그 밖의 다른 충분한 암시적 징표에 의해 결정된다고 보고 있다. 이를 상술하면 다음과 같이 정리할 수 있다.[53]

(1) **포고에 의한 계승** 통치권의 계승은 로마제국의 초대 황제가 누가 그의 후계자가 되어야 할 것인가를 선언한 것처럼, 왕이

---

52) *Leviathan*, ch. 19, p.182.
53) *Leviathan*, ch. 19, pp.182~184.

살아 있을 때 그에 의해서 선언된 말이나 유언 또는 문서에 의해 이루어진다. 후계자라는 말은 왕의 자녀나 가까운 친척을 자동적으로 의미하는 것이 아니고, 왕이 어떤 방법으로든지 그를 계승해야 할 것이라고 포고한 사람이다. 그러므로 만일 군주가 이 같은 사람이 그의 후계자가 될 것이라고 분명히 포고한다면, 그 사람은 선임자의 사망 후 즉시 군주의 권리를 부여받는다.

(2) 관례에 의한 계승   유언이나 분명한 말이 없는 곳에서는 다른 자연적 의지의 표시를 추종하는데, 그 중의 하나가 관례이다. 그러므로 가장 가까운 친척이 절대적으로 계승한다는 관례가 존재하는 곳에서는 그 가까운 친척이 계승권을 가진다. 만일 주권을 소유한 사람의 의사가 그와 다른 것이었다면, 그는 그의 생존시에 이를 쉽게 포고할 수 있을 것이다. 이와 마찬가지로 가장 가까운 친척의 남성이 계승하는 관례가 존재하는 곳에서는, 계승권은 그와 동일한 이유로 근친의 남성에게 있는 것이다. 그리고 여성의 계승이 관례라면 여성에게 승계한다. 어떠한 관례이든 왕은 한마디로 통제할 수 있고, 또 통제하지 않기도 하기 때문에 그가 그 관례를 유효하게 하려는 것은 자연스런 표시가 된다.

(3) 자연적 애착에 의한 계승   관례나 유언이 선행되지 않는 곳에서는, 첫째로 군주의 의사는 그 통치가 군주정치적인 것으로 지속시키는 것으로 이해되어야 한다. 그는 스스로 그 통치를 승인했기 때문이다. 둘째로 남자이든 여자이든 왕의 자식은 다른 사람보

다 애착을 받는 것으로 이해되어야 한다. 인간은 본래 다른 사람들의 자식보다 자신의 자식을 입신출세시키려는 데 더욱 기울어지는 것으로 생각되기 때문이다. 그리고 그의 자식 중 여성보다 남성에게 더 애착하는 것으로 보아야 한다. 남성은 노동과 위험한 행동에 대해 여성보다 더욱 적당하기 때문이다. 셋째로 왕의 자손이 없는 곳에서는 제 3 자보다는 형제를 더 사랑하고, 혈통이 먼 사람보다는 가까운 사람을 더 사랑하는 것으로 보아야 한다. 더 근친일수록 애정은 더욱 깊은 것으로 보통 생각되며, 인간은 그의 가장 가까운 친척의 위대성으로부터 가장 큰 영예를 받는 것이 분명하기 때문이다.

(4) 자의에 의한 타국 왕의 계승 만일 군주가 언약, 유언에 의해 계승을 해결하는 것이 합법적이라고 하더라도, 하나의 커다란 폐단에 대해서는 반대할 사람이 많을 수도 있다. 그것은 군주가 이방인에게 그의 통치권을 팔거나 양도할 수도 있기 때문이다. 동일한 통치 아래 생활하거나 동일한 언어로 말하지 않는 이방인은 보통 상대방 국민을 경시하기 때문에 그의 신민들을 억압하게 될 수도 있으며, 이것은 진실로 커다란 폐단이다. 그러나 이것은 이방인의 통치에 대한 예속으로부터 필연적으로 생기는 것이 아니고, 진정한 정치의 법도를 모르는 통치자의 미숙성에서 생기는 것이다. 그러므로 로마인들은 많은 국가들을 정복했을 때 그들의 통치를 원활히 하기 위해 때로는 피정복민 전체에게, 때로는 모든 국가의 주요 인사들에게 특권뿐만 아니라 로마인의 명칭을 부여

하고, 그들 중 다수를 원로원과 공직에 임명했으며 심지어는 로마 시내에까지 받아들여서 그들이 필요하다고 생각하는 정도까지 피정복민의 불평을 해소시키는 것이 보통이었다. 그러므로 많은 군주들의 과오에 의해 때때로 폐단으로 드러났을지라도 군주가 자의에 의해 계승을 해결하는 것이 인민에게 유해한 것은 아니다. 왕국을 이방인에게 양도함으로써 일어날 수 있는 폐단은 이방인과의 결혼에 의해 계승권이 이방인에게 상속됨으로써도 일어날 수 있다는 주장도 있으나, 이것은 모든 사람들에 의해 합법적인 것으로 간주된다.

4. 신민의 자유와 저항권

홉스의 이론에는 권력 없이 국가가 그 정통성을 주장할 수 있는 경우란 절대로 불가능하다. 권위에 대한 저항 역시 같은 맥락에서 결코 정당화될 수 없는 것이다. 홉스에 의하면, 저항은 그것이 권위로부터의 승인을 얻을 경우에만 정당화될 수 있는데 권위가 저항을 승인한다는 것은 스스로를 부정하는 결과를 초래할 것이기 때문이다. 그렇다면 신민은 주권자에 대해 과연 어떤 권리들을 갖는 것인가? 신민은 이런 경우에도 자유인이라 할 수 있을까? 심지어 홉스는 다음과 같이 말하기도 한다.

"주권자가 신민에게 행할 수 있는 것은 어떠한 구실에서건 부정이나 상해라고 정당하게 불릴 수 없다. 모든 신민은 주권 자가 행하는 모든 행위의 창조자이다. 따라서 국가에서는 신민 이 주권의 명령에 의해 사형될 수도 있다는 사실이 발생할 수 있고, 가끔 발생하기도 한다."[54]

홉스에 의하면, 통상 인간의 자유라 불리는 자연적 자유란 "인간이 하고자 하는 의지, 욕망 또는 취향을 행하는 데 있어서 아무런 장애물이 없는 상태"[55]를 말한다. 그리고 자유인(free-man)이란 "그의 힘과 기지에 의해 행할 수 있는 일에 있어서 그가 하고자 하는 의사를 가진 것을 행하는 데 방해를 받지 않는 사람이다."[56] 그런데 한편으로 홉스는 "인간의 모든 행위는 필연성으로부터 연유하는 것"[57]이며, 따라서 자유와 필연성은 일치한다고 말하고 있다. 또 다른 한편으로는 신민의 자유는 "계약으로부터 생긴 자유 속에 존재한다" 하여 통상 인간의 자유라 불리는 '자연적 자유'를 '신민의 자유'와 구분짓는다.

홉스는 인간의 모든 의사, 모든 욕망과 취향의 행동은 연속된 쇠사슬에 있는 원인으로부터 연유하기 때문에, 이러한 원인들의 연관성을 간파할 수 있는 사람에게는 모든 인간의 자발적 행동이 필연성에 따라 이루어진다는 것을 알 수 있다고 한다. 이러한 자유는 그의 의사에 따라 자발적으로 행할 수 있는 자유인데, 그것

54) *Leviathan*, ch. 21, pp.199~200.
55) *Leviathan*, ch. 21, p.197.
56) *Leviathan*, ch. 21, p.196.
57) *Leviathan*, ch. 21, p.198.

은 필연적으로 그의 욕망에 속하는 원인으로부터 유래하는 것이다. 홉스에 의하면 인간은 끊임없이 자기 보존이라는 목적을 위해 운동하는 존재이다. 하지만 인간이 평화와 자기 보존을 위해 동의한 계약은 이러한 자연적 자유에 구속을 가하는 것이 된다. 따라서 사회 속에서 인간이 행하는 자유란 이미 구속을 수반한 자유일 수밖에 없으며, 따라서 신민의 자유는 계약의 조건에 전적으로 지배된다.

그러나 다른 한편으로 홉스는 어떠한 계약에 의해서도 침해되거나 포기될 수 없는 자유가 있다고 주장한다. 이는 비록 주권자의 승인이 없더라도 신민에게는 양도불가능한 고유한 권리가 있으며, 이를 위해서는 주권자나 그의 명령에 대해서 어떠한 저항이나 거부도 신민의 편에서는 가능하다는 것을 의미한다. 이를테면 자신을 스스로 죽이라거나 생존을 위해서는 없어서는 안 될 공기나 약품을 사용하지 말라거나 등과 같은 주권자의 명령이 이에 해당된다. 한마디로 "어떤 사람에게도 계약에 의해 스스로를 문책할 의무를 지울 수 없다."[58]

> "주권자의 권력에 대한 신민의 동의는 '나는 모든 그의 행위를 승인한다'는 말에 존재하며, 거기에는 그 자신의 이전의 선천적 자유에 대한 어떠한 제약도 존재하지 않는다. 그가 나를 죽이도록 허용함으로써 그가 나에게 명령할 때 내 자신을 죽일 의무는 없기 때문이다. '당신이 원한다면 나 또는 내 친구

---

58) *Leviathan*, ch. 21, p.204.

를 죽이시오'라고 말하는 것과 '나는 내 자신이나 내 친구를 죽이겠다'고 말하는 것은 별개의 것이다. 그러므로 어떤 사람도 그들의 말 자체에 의해 스스로를 죽이거나 다른 어떤 사람을 죽일 의무는 없는 것이라는 결론이 나온다."[59]

결국 홉스는 인간에게 자신의 생명과 이익을 보호하려는 어떠한 행위도 각 개인의 편에서는 정당한 행위라고 봄으로써 계약의 유무를 떠나 자연권의 불가양도성을 인정하고 있는 것이다. 그렇다면 이러한 태도와 논리로부터 홉스의 개인주의와 주권자의 절대권력론이 과연 양립가능한지 의심해 보지 않을 수 없다. 계약에 동의함으로써 주권자에게 부여된 절대적 권력과 자신의 보존을 위한 개인의 절대적 자유와 저항권은 애초에 홉스가 국가론을 통해 목표한 평화의 달성을 원칙적으로 불가능하게 만들 수 있다는 모순된 결론에 직면하게 된다.

그러나 이는 홉스가 왜 주권자의 편에 서서 계약의 충실한 이행을 강조하고 있는지를 고려함으로써 해소될 수 있다. 홉스에게 권리란 기본적으로 행하거나 행하지 않는 자유였다. 그리고 이런 권리 행사는 언제나 전쟁 상태를 야기한다. 따라서 자연법에 따른 평화의 추구는 동시에 자연 상태의 공포로부터 각 개인이 자신을 보호하고자 하는 합리적 선택이다. 그리고 이를 효과적으로 달성하기 위해 개인은 자신의 권리를 양도한 것이다. 이 양도된 권리에 수반되는 의무가 개인의 자기 이익과 대립하거나 불리할 때

---

59) *Leviathan*, ch. 21, p.204.

개인에게는 여전히 자신의 생명을 보호할 권리가 주어져 있다. 그러나 이러한 권리 행사가 자연스러운 일이어서 비록 정당성을 가질 수는 있어도, 그것이 초래할 전쟁 상태의 방지와 평화의 유지를 위해서는 이러한 자의적 판단에 좌우되지 않는 절대적 힘이 필요하다. 바로 이러한 절대권력이야말로 평화를 항구적으로 실현할 수 있는 유일한 방책이라고 홉스는 보고 있는 것이다. 그리하여 비록 불가침적인 신민의 자유를 정당한 것으로 인정하면서도 다른 한편으로 그것이 국가의 목적에 반하는 행위일 경우에는 주권자의 지배를 받아야 한다는 것이 홉스의 지론인 셈이다. 특히 홉스는 인간의 진정한 유의미한 자유를 시민적 자유로 보는데, 이는 인간의 자유가 어디에서 어떻게 주어진 것이냐에 따라 비로소 사회적 가치를 갖는 것이기 때문이다. 홉스는 다음과 같이 말한다.

> "인간이 자유라는 미명에 기만되고 판단력의 부족 때문에 오직 대중의 권리인 자유를 개인적 유산물이나 천부적 권리로 오해하는 것은 용이한 일이다. 그리고 이와 동일한 과오가 이 문제에 대해 저술할 수 있는 명성을 지닌 사람의 권위에 의해 확정되는 때에, 그것이 반란이나 정치의 변혁을 초래한다 하더라도 전혀 이상할 것이 없다."[60]

반대로 국가는 자신의 존재 이유인 신민의 보호라는 목적을 제대로 수행하지 못할 때 언제든지 와해될 수 있는 소지를 안고 있

---

60) *Leviathan*, ch. 21, p.202.

다. 왜냐하면 신민의 의무를 넘어서 신민의 자유는 항상 자신의 생존과 자기 이익이라는 동기에 지배받을 수 있기 때문이다.

"주권자에 대한 신민의 의무는 그가 그들을 보호할 수 있는 권력이 지속되는 동안, 더도 덜도 아닌 바로 그 동안에만 지속하는 것으로 이해된다. 왜냐하면 인간이 자신 이외의 누구도 그들을 보호해 줄 수 있는 사람이 없을 때 선천적으로 스스로를 보호하기 위해 소유하는 권리는 어떠한 계약에 의해서도 폐기될 수 없기 때문이다. 주권은 신체로부터 분리된 국가의 영혼이며, 국가의 구성원들은 그것으로부터 그들의 움직임을 더 많이 얻지 못한다. 복종의 목적은 보호이다. 인간이 그 자신이나 타인의 칼에서 보호를 찾는 때에 자연은 칼에 대한 그의 복종과 칼을 유지하기 위한 그의 노력을 적용시킨다. 그리고 주권은 그것을 제정한 사람들의 의도에 있어서 비록 불멸의 것이라 할지라도, 주권의 본질에 있어서 외래 침략전쟁에 의해 격렬한 죽음을 당할 뿐만 아니라 인간의 무지와 욕정을 통해 그 자체 안에, 그것의 제정 당초부터 내부적인 불화에 의해 사멸한 자연적 운명의 많은 씨앗들을 가지고 있다."61)

5. 시민법과 정치적 의무

홉스는 평화란 법에 의한 개인의 자유의 제한을 통해서만 가능하다고 말한다. 그리고 법 제정의 유일한 목적이 바로 평화를 가

---

61) *Leviathan*, ch. 21, p.208.

능하게 하는 데 있다고 한다. 홉스에 의하면, 이런 목적의 법 제정이란 주권적 권위의 수립을 통해서만 효력을 가지며, 그때에야 비로소 옳은 것과 그른 것, 일체의 의무에 대한 객관적 규범과 규칙에도 도달할 수가 있다. 그러한 권한과 자격을 갖고 있는 자가 바로 홉스가 말하는 국가였다. 따라서 국가를 제외하고는 어느 누구도 법을 제정할 수 없다. 그리고 그러한 국가가 제정하여 신민들이 그 명령에 복종하지 않으면 안 되는 규칙들을 홉스는 시민법(civil law)으로 이해한다.

홉스는 "인간은 평화의 획득과 그들 자신을 보존하기 위해서 우리가 국가라고 부르는 인위적 인간을 만든 것처럼 또한 시민법이라고 불리는 인위적 사슬을 만들었다"[62]고 하면서 시민법을 다음과 같이 정의한다.

"신민의 행동에 있어서 선과 악, 합법적이고 불법적인 것에 관한 규칙이 시민법이다. 바꾸어 말하면 개별적인 각 국가의 법률이다. 오늘날 시민법의 명칭이 고대 로마시의 시민법에 한정되었을지라도, 로마는 세계의 대부분을 지배했었기 때문에 로마의 법률은 당시 그 지역에서는 시민법이었다."[63]

"시민법이란 인간은 특정한 이러저러한 국가의 구성원이 아니고 국가의 구성원이기 때문에 인간이 준수하지 않을 수 없는 여러 법률이다."[64]

---

62) *Leviathan*, ch. 21, p.198.
63) *Leviathan*, ch. 18, p.165.

"시민법이란 국가가 모든 신민에게 옳고 그름의 구별을 위해, 바꾸어 말하면 규칙에 위배되는 것은 무엇이며, 규칙에 위배되지 않는 것은 무엇인가를 구별하기 위해 사용할 수 있도록 하기 위해 언어, 문자 또는 그 밖의 다른 충분한 의미의 표지를 통해 명령하는 여러 규칙이다."65)

홉스는 이러한 정의로부터 필연적으로 추론될 수 있는 것은 무엇이든 진리로 인정되어야 한다는 것을 강조하면서 다음과 같은 추론 결과들을 제시한다.66)

(1) 모든 국가에 있어서의 입법자는 주권자뿐이다. 그리고 국가만이 우리가 법률이라고 부르는 여러 규칙을 규정하고 그 준수를 명령할 수 있다. 따라서 국가는 입법자이다. 그러나 국가는 인격이 아니며 대표자로서의 주권자에 의하지 않고는 어떤 일도 할 수 있는 능력을 가지고 있지 않다. 그러므로 주권자는 유일한 입법자이다.

(2) 국가의 주권자는 법을 제정하고 폐기하는 권한을 보유하고 있기 때문에 집단이건 한 사람이건 시민법에 복종하지 아니 한다.

(3) 장기간의 관습이 법의 권위를 획득하는 경우에, 이는 시간

---

64) *Leviathan*, ch. 26, p.250.
65) *Leviathan*, ch. 26, p.251.
66) *Leviathan*, ch. 26, pp.252~257.

의 길이가 아니라 주권자의 동의와 의지에 의해 법이 된다.

(4) 자연법과 시민법은 상호간 타자를 내포하며, 그 범위는 동일하다. 단순한 자연 상태에서의 평등, 정의, 보은 및 그에 종속하는 다른 도덕적 미덕 속에 존재하는 자연법은 고유한 법이 아니라, 인간을 평화와 복종으로 지향시키는 성질이기 때문이다. 국가가 일단 성립되면 자연법은 국가의 명령 그리고 또한 시민법으로서 실제적으로 법이 되지만, 국가가 설립되기 이전에는 그렇지 못하다. 인간에게 자연법에 복종하도록 의무를 지우는 것은 주권을 가진 권력이기 때문이다.

개인들의 의견이 차이가 있을 때 정의, 평등, 도덕적 미덕이 무엇인가 선언하고, 이러한 것들을 위반하는 사람들에게 가해지는 처벌이 필요하게 되기 때문이며, 이러한 명령은 시민법의 일부이다. 그러므로 자연법은 세계의 모든 국가에 있어서 시민법의 일부이며, 또한 이와 마찬가지로 시민법은 자연의 여러 명령의 일부이다. 정의, 바꾸어 말하자면 계약의 이행과 만인에게 정의를 부여하는 것은 자연법의 명령이기 때문이다.

그러나 국가에 있어서 모든 신민은 시민법에 복종하기로 계약을 맺었다. 그러므로 시민법에 대한 복종은 또한 자연법의 일부이다. 시민법과 자연법은 상이한 종류의 것이 아니고 법의 상이한 부분이다. 그것의 한 부분은 성문화되었기 때문에 시민법이라고 불리며, 다른 부분은 불문화되었기 때문에 자연법이라 불린다. 그러나 자연의 권리, 즉 인간의 자연적 자유는 시민법에 의해 축소되고 제한될 수 있다. 아니 법률 제정의 목적은 그 이외의 다른 어떤 것이 아니며, 이러한 제한 없이는 평화란 도저히 있을 수 없다. 그리고 법은 인간이 서로 침해하지 않고 상부상조하여 공동의 적에 대항하여 결속할 수 있는 방식으로 특정인의 자연적 자유를 제한하는 이외의 다른 목적을 위해 세상에 존재하게 되는 것은 아니다.

(5) 정복에 의한 국가를 포함한 어떤 경우에도 법은 주권자에 의해 제정되며, 주권자가 이전에 지배받았던 법률에 의해 그들을 통치할 경우에도 그것은 주권자의 공식적인 인정을 받은 것으로서 주권자가 제정한 승리자의 시민법이다.

(6) 성문법이든 불문법이든 모든 법은 국가의 의지로부터 그 권위와 효력을 갖게 되는 바, 입법권을 사사로운 인간이나 하급 재판관에게 의존시키는 견해들은 잘못된 것이다.

(7) 법은 이성에는 결코 위배될 수 없으며 또 입법자의 의도에 일치하는 것이며, 이러한 법을 제정하는 것은 인위적 인간인 국가의 이성이며 그 명령이다. 따라서 국가의 인격인 주권자가 모든 법정에 있어서의 재판관이다.

(8) 법은 명령이며 명령은 음성, 문서 또는 이와 동일한 다른 어떤 충분한 증거에 의해서 명령하는 사람의 의지의 선언 또는 명시 속에 존재한다는 사실로부터 우리는 국가의 명령은 그것을

인지하는 수단을 가지는 사람들에게만 법이 된다. 따라서 제정된 법이라도 공표되지 않으면 법이 아니다.

홉스는 이에 덧붙여 몇 가지 사항을 추가적으로 해명하고 있는데, 먼저 만일 공표되지 않은 법, 즉 모든 신민에게 의무로 부과되어 있으면서도 성문화되지 않은 불문법이거나 사람들이 인식할 수 있는 장소에서 공표되지 않은 법이 있다면 그때 우리는 모든 사람의 이성에 일치될 수 있는 그런 법에 따라야 하며, 그것은 곧 자연법 이외의 다른 것이 아니라고 한다. 따라서 홉스는 공표된 법이 존재하지 않는 경우의 불문법은 곧 모두 자연법이라 보고 있으며, 그런 상황에서 우리 모두가 준수해야 할 의무의 척도가 된다고 보고 있다.

다음으로는 이와 동일한 조건에서 어떤 상태의 사람이나 특정한 사람에게만 의무를 부과하는 경우에도 그것이 다른 신민들과 구별해 주는 그러한 증거와 표지에 의해 알려진 법이라면 그것은 자연법이며, 또 그것이 이에 복종해야만 하는 사람들의 이성에 의해서 알려진 법이 있다면 그것 역시 자연법이며 또한 시민법이기도 하다고 말하고 있다. 그 실례로 홉스는 주권자가 무엇을 해야 한다는 성문화된 지시 없이 공적 대행자를 채용할 경우 그 대행자는 이성의 명령을 지시로 간주해야 할 의무가 있다는 것이다. 이를테면 주권자가 법관을 임명하는 경우처럼 재판관은 그의 판결이 주권자의 이성에 일치해야만 한다는 것을 배려해야 하며, 이때 그는 자연법에 의해 구속된다는 것이다. 이와 함께 홉스는 법은 성문화되고 공표되는 것만으로는 충분하지 않으며, 그것이 주권자의 의지로부터 연유하는 것이라는 명백한 표지가 있어야 한다는 점을 강조하고 있다.[67]

주권자의 권위로부터 성립하는 시민법의 성격을 이상과 같이 추론지음으로써 홉스는 몇 가지 특기할 만한 점들을 보여주고 있다. 우선 홉스는 어떠한 시민법도 자연법에 배치되지 않는다고 한다. 시민법의 가장 중요한 성격은 그것이 법 이전에 실질적인 강제력을 갖지 못하는 도덕적 의무의 영역으로부터 벗어나서 최초로 합법적인 처벌과 강제라는 정당성을 갖는 정치적 의무를 규정한다는 것이라 할 수 있다. 따라서 단순히 사적인 의무가 아니라 공적인 의무로서 인간의 모든 행위를 지배하는 시민법은 그 목적상 국가의 질서와 평화를 위한 구체적 입법의 산물이므로 당연히 그것은 평화의 명법으로서의 자연법에 배치될 수 없으며, 그렇지 않을 경우 그것은 그 근본 성격과 정신에 있어서 자기 모순적인 것이 되고 말 것이다.

이런 점을 통해서 홉스에게 자연법과 시민법, 도덕적 의무와 정치적 의무가 각각 어떤 연관성을 가지며, 또 어떤 차이점을 갖는지도 더욱 분명하게 드러난다. 도덕적 의무와 정치적 의무가 공히 자연법에 기초를 두고 있다는 점에서 인간의 모든 의무는 자연법에 그 근거를 두고 있지만, 스키너의 지적에 따르면, "홉스의 구도에서 보면, 자연법이 의무를 부여한다는 것은 사실의 문제가 아

---

67) *Leviathan*, ch. 26, pp.257~260.

니라 논리의 문제이며, 시민법이 의무를 부여하는 것은 선행하는 도덕적 강제가 존재하느냐의 문제가 아니라 승인된 법적 강제의 문제이다."68) 이런 맥락에서 자연법과 시민법, 도덕적 의무와 정치적 의무의 관계에 대한 홉스의 논증이 순환적이라는 지적은 설득력이 없다. 왜냐하면 이들 양자 사이에는 정치적 의무는 물론 구속력을 갖는 모든 도덕의 원천인 국가라는 리바이어던이 가로 놓여 있기 때문이다.

가령 워렌더는 홉스의 논증을 다음과 같이 정리한다. 즉, 시민이 시민법에 복종해야 하는 의무는 그가 맺은 정치적 계약에 근거하며, 그가 자신의 계약을 지켜야 하는 의무는 그의 자연법에 복종할 의무에 근거하며, 그 자연법에 복종해야 하는 의무는 그의 시민법이나 주권자의 명령에 복종해야 할 의무에 근거하며, 이에 대한 의무는 다시 정치적 계약에 근거한다는 것이다.69) 그러나 그는 여기서 홉스가 강제력을 수반하는 의무와 그렇지 않은 의무를 구분하는 이유를 충분히 고려하지 못하고 있다. 만일 이런 논리적 연관관계의 형식만을 고려하고 그에 따른 추가적 조건을 무시하는 것은 이미 잘못된 추론임을 반증한다. 그 추가 조건의 핵심은 그 형식적인 논리적 연관성에도 불구하고 강제력과 구속력을 갖지 못하는 자연법과 도덕적 의무의 한계에서 파생되는 사회계약, 즉 정치적 계약의 불가피성이다.

---

68) Q. Skinner, "Hobbes's 'Leviathan' ", p.83.

69) H. Warrender, *The Political Philosophy of Hobbes, His Theory of Obligation*, p.167.

홉스는 '정치적'(political)이라는 용어를 "국가의 주권으로부터 연유하는 권위에 의해 제정된 제도"[70]를 가리키는 뜻으로 사용한다. 즉, 어떤 제도나 법의 제정은 주권자에 의해 공적 권위가 부여되고, 여타의 것들은 모두 사적(private)인 것으로서 "신민 상호 간에 의해 또는 외래자들로부터 연유하는 권위에 의해 구성되는 제도이다."[71] 사적 제도들 중에서도 특히 "국가에 의해 허용된 제도는 합법적(lawful)이며, 그 밖의 모든 것은 불법적(unlawful)인 것이다."[72] 사회를 구성하는 한 개인으로서 그가 공적인 의무, 즉 정치적 의무를 져야 한다는 것은 동시에 그가 공식적으로 정치적 권리의 소유자라는 것을 의미한다.

이와 더불어 시민법은 무엇보다도 소유권을 규정한다. 비록 모든 사적 토지 재산에 대한 소유권이 원천적으로는 주권자의 자의적 분배로부터 연유하는 것이지만, 그럼에도 그 결과로서 너와 나의 소유물에 대한 최초의 명시적 구분은 당연히 시민법을 통해서 비로소 실질적으로 확립된다고 봐야 한다. 홉스는 소유권에 대한 이러한 규정을 통해 나의 재산의 합법적 소유를 위한 법적 근거를 마련하고 있으며, 권리 행사의 주체 또한 분명히 하고 있는 것이다. 홉스가 이러한 제 권리들에 정당성을 부여할 수 있었던 것이 바로 정치적 의무의 원천으로서 시민법이 갖는 특성에서 연유하는 것이다.

---

70) *Leviathan*, ch. 22, p.210.
71) *Leviathan*, ch. 22, p.210.
72) *Leviathan*, ch. 22, pp.210~211.

제 6 장

결 론

홉스의 평화의 철학은 자기 보존과 평화의 추구라는 실천적 명제를 두 축으로 하여 성립하며, 이 두 축을 다리 놓는 매개자로 역할을 맡고 있는 것이 그의 국가론이다. 그러나 실제로 이 세 요소, 즉 자기 보존, 평화, 국가를 하나로 묶어 주는 역할을 감당하고 있는 주체는 자연법의 원천 제공자인 인간의 이성이다. 실천적 이성에 기대어 국가라는 정치공동체에 철학적 정당성을 부여하려는 홉스식의 국가론은 자기 보호와 평화의 추구 사이에 가로 놓여 있는 간격을 소위 정치철학사에 '홉스식'이라는 고전적 전통을 구축할 만큼 독창적인 방식으로 메워 나간다.

홉스는 평화의 실현을 위한 안전하고 확실한 장치를 마련하기 위해서 주권자에게 모든 개인의 권력을 능가하는 절대성을 부여했다. 이런 결론은 홉스 철학이 서 있는 지반들 중의 하나인 원자적 개인주의와 평등주의가 야기하는 대립적 갈등 구조, 그리고 이런 갈등을 완전히 해소하여 평화를 실현하기 위한 선택으로서 최선의 것이라는 홉스의 확신을 보여준다.

하지만 홉스가 강조한 것은 그가 군주정을 옹호했다고 해서 직접적으로 모든 권력이 단 하나의 개인에게 귀속되어야 한다는 것을 주장하려 한 것은 아니었다. 오히려 홉스는 평화 유지를 위한 바람직한 방편은 주권적 권력이 결코 분리되어서는 안 된다는 점을 보여주려고 했다. 그리고 이 점은 홉스의 평화 사상은 물론 그의 국가론을 올바로 이해하는 가장 중요한 관건이 되는 특징이라 할 수 있다. 그리고 최종적으로 홉스에게 분할 불가능한 권력자요 주권자로서의 국가는 단순히 평화의 수호자나 옹호자를 넘어서 평화의 창조자로 등장하고 있다.

그러나 주권자에게 거의 절대적인 권력을 부여하고 있는 주권론과 정부론 및 이에 따른 권위주의적 장치와 제도에도 불구하고 홉스는 다른 한편으로 결코 개인의 자유를 근본적으로 무시하지는 않았다. 그 단적인 근거가 바로 각 개인 각자에게 부여되어 있는 홉스의 자연권 개념이다. 이 개념은 기본적으로 개인의 저항권을 인정하고 있다.

그러나 평화의 항구적인 유지를 가능하게 하는 사회를 구상해 놓은 홉스의 국가론은 형식상으로는 논리적 엄밀성과 정확성을 유지하고 있지만 그 전제들을 파헤쳐 보면 정치적 권위를 갖는 주권자의 권력에 대한 정당성이 신민의 동의로부터 유래함에도 불구하고 그 동의 발생이 상당한 정도의 극도의 공포 상황을 가정하고 있기 때문에 홉스의 군주론이 모든 상황에 타당성을 갖는다고 보기는 힘들다고 할 수 있다.

모든 인민의 동의나 권리의 절대적 양도가 정당화되는 경우도 극도의 혼란 상태에서는 강력한 지도자의 필요성 때문에 한시적으로 그 효력을 인정받을 수는 있어도 보다 덜 공포스럽거나 더 평화로운 상태에서마저 온전히 유지되기 어려울 것이라는 점이다. 이 상황에서 인민은 자신이 공포 상황에서 미처 인지하지 못했던 강력한 제약에 더 이상 동의하지 않을 가능성이 많으며, 이에 따라 전쟁 상태에서나 통용될 법한 강력한 지배자보다는 더 약화된 지도자를 원하리라고 보아야 할 것이다. 그러므로 홉스가 자신의 정치이론에 설정해 놓은 가정들은 너무 무리한 것들이거나 아주 제한적으로만 인정할 수 있는 성격의 것들이라 할 수 있다. 말하자면 일반적으로 야기되는 혼란이 아니라 제각기 특수성과 차이를 갖는 혼란 상황에 하나의 동일한 계약과 동의를 무차별적으로 적용하는 것은 무리한 요구가 아닐 수 없다.

홉스의 평화 사상의 이와 같은 한계로 인해서 그것이 갖는 가장 치명적인 결함은 다름 아닌 바로 여기에 있다고 생각된다. 홉스의 평화 사상은 마치 평화의 목적이 오로지 평화를 위한 평화, 따라서 평화에의 맹목적 추구의 산물이라는 모습을 하고 있는 것처럼 보인다. 그 결과 오히려 평화를 얻기 위해 더 중요한 인간적 가치들이 유린될 수 있는 가능성들에 대해서 홉스는 너무 낙관적인 태도를 보여주고 있다. 그것은 홉스가 평화를 추구해 가는 과정에 주목하지 못한 데서 생겨난 한계라 할 수 있다. 어쩌면 그것은 홉스의 시대적 한계였다고 할 수도 있다. 그리고 그러한 시대적 제약을 뛰어 넘는 철학적 사유를 보여주지 못한 것은 홉스 자신의 철학적 한계이기도 하다.

실제로 홉스식의 국가론은 그가 보기에는 인간적 및 자연적 조건에 근거한 최선의 선택이었는지는 몰라도 희망으로서의 평화가 아니라 차라리 절망으로서의 평화를 우리에게 선사하고 있으며, 당시의 영국의 정치적 현실과도 어울리지 못했다.

이러한 한계와 약점에도 불구하고 홉스의 평화의 철학이 시사하는 바 또한 적지 않다. 그것은 역설적이게도 우리가 평화를 유지할 수 있는 확실한 장치를 마련하지 못하는 한 인간의 삶이란 항시적인 위험에 노출될 수밖에 없다는 것이다. 그것은 인간의 생존에 대한 끊임없는 위협에 대한 홉스식의 대응의 정당성을 떠나 결코 경시할 수 없는 교훈이다.

참고문헌

1. 홉스의 저서 및 인용 약어

Hobbes, Thomas, *The English Works of Thomas Hobbes 12 Volumes*, (ed.) W. Molesworth, Routledge Thoemmes Press, 1992. 이하 E. W.로 표기.

- *De Cive* : Philosophical Rudiments Concerning Government and Society, E. W., Vol. II.
- *De Corpore* : Elements of Philosophy. Concerning Body, E. W., Vol. I.
- *De Corpore Politico* : De Corpore Politico or Elements of Law, moral and politic, E. W., Vol. IV.
- *Human Nature* : Human Nature or The Fundamental Elements of Policy, E. W., Vol. IV.
- *Leviathan* : Leviathan, or the Matter, Forme and Power of a

Commonwealth Eccelesiastical and Civil, E. W., Vol. III (1), (2).
- *Of Liberty and Necessity* : E. W., Vol. IV.

____, *The Elements of Law*, (ed.) F. Tönnis, 2nd edition, Frank Cass, 1969.

2. 국외 문헌

Berlin, I., "Hobbes, Locke, and Professor Macpherson", *Political Quarterly*, October-December, 1964.

Bertman, Martin A., "What is Alive in Hobbes", in *Hobbes: War among Nation*, (ed.) T. Airaksinen & Martin A. Bertman, England, Aldershot: Avebury, 1989.

Bobbio, N., *Thomas Hobbes and The Natural Law Tradition*, (trans.) D. Gobetti, Chicago & London: The University of Chicago Press, 1993.

Boonin-Vail, D., *Thomas Hobbes and the Science of Moral Virtue*, Cambridge University Press, 1994.

Boucher, D. and Kelly, P., *The Social Contract from Hobbes to Rawls*, London & New York: Routledge, 1994.

Brandt, F., *Thomas Hobbes' Mechanical Conception of Nature*, London: Hachette, 1928.

Clatterbaugh, K., *The Causation Debate in Modern Philosophy 1637 ~1739*, New York & London: Routledge, 1999.

Forsyth, M., "Hobbes's contractarianism: a comparative analysis", in *The Social Contract from Hobbes to Rawls*, (ed.) D. Boucher & P. Kelly, London and New York: Routledge, 1994.

Gardiner, S. R., *History of the Commonwealth and Protectorate 1644 ~1656*, London: Longmans, Green and Co., 1903.

Goldsmith, M. M., *Hobbes's Science of Politics*, New York, 1966.

Goldsmith, M. M., "Hobbes on law", in *The Cambridge Companion to Hobbes*, (ed.) T. Sorell, Cambridge University Press, 1996.

Hacking, I., *The Emergence of Probability*, London: Cambridge University Press, 1975.

Herbert, Gary B., *Thomas Hobbes, The Unity of Scientific & Moral Wisdom*, Vancouver: University of British Columbia Press, 1989.

Hinnant, Charles H., *Thomas Hobbes*, Boston: Twayne Publishers, 1977.

Jacobs, S., *Science and British Liberalism*, England, Aldershot: Avebury, 1991.

Jesseph, D., "Hobbes and the method of natural science", in *The Cambridge Companion to Hobbes*, (ed.) T. Sorell, Cambridge University Press, 1996.

Kavka, Gregory S., *Hobbesian Moral and Political Theory*, Princeton, New Jersey: Princeton University Press, 1986.

Kavka, Gregory S., "Hobbes's War of All against All", in *Thomas Hobbes: Critical Assessments*, Vol. III, (ed.) P. King, London and New York: Routledge, 1993.

King, P. (ed.), *Thomas Hobbes: Critical Assessments*, London and

New York: Routledge, 1993.

Lamprecht, S. P., "Hobbes and Hobbism", in *American Political Science Review*, vol. 34, 1940.

Lubienski, Z., "Hobbes' Philosophy and Its Historical Background", in *Thomas Hobbes: Critical Assessments*, Vol. (ed.) I, P. King, London and New York: Routledge, 1993.

Macpherson, C. B., "Introduction to Leviathan", *Leviathan*, Pelican Classics, 1981.

Macpherson, C. B., *The Political Theory of Possessive Individualism*, Oxford University, 1962.

Martinich, A. P., *A Hobbes Dictionary*, Cambridge, Massachusett: Blackwell, 1995.

Martinich, A. P., *Two Gods of Leviathan*, Cambridge University Press, 1992.

McNeilly, F. S., *Anatomy of Leviathan*, London: Macmillan, 1968.

Mintz, Samuel I., *The Hunting of Leviathan. Seventeenth-Century Reaction to the Materialism and Moral Philosophy of Thomas Hobbes*, Cambridge University Press, 1970.

Oakeshott, M., "Introduction" to *Leviathan by Thomas Hobbes*, Oxford: Basil Blackwell, 1957.

Rapaczynski, A., *Nature and Politics. Liberalism in the Philosophies of Hobbes, Locke, and Rousseau*, Ithaca and London: Cornell University Press, 1987.

Riley, P., *Will and Political Legitimacy. A Critical Exposition of Social Contract Theory in Hobbes, Locke, Rausseau, Kant, and*

Hegel, Harvard University Press, 1982.

Rogers, G. A. J. (ed.), *Leviathan: Contemporary Responses to the Political Theory of Thomas Hobbes*, Bristol: Thoemmes Press, 1995.

Ryan, A., "Hobbes's political philosophy", in *The Cambridge Companion to Hobbes*, (ed.) T. Sorell, Cambridge University Press, 1996.

Skinner, Q, "Hobbes's 'Leviathan' ", in *Thomas Hobbes: Critical Assessments*, Vol. I, (ed.) P. King, London and New York: Routledge, 1993.

Sorell, T., "Hobbes's scheme of the sciences", in *The Cambridge Companion to Hobbes*, (ed.) T. Sorell, Cambridge University Press, 1996.

Sorell, T., *Hobbes*, London and New York: Routledge & Kegan Paul, 1986.

Spragens, Thomas A., *The Politics of Motion: The World of Thomas Hobbes*, Kentucky University Press, 1973.

Stephen, L., *Hobbes*, London: Macmillan, 1904.

Strauss, L., *The Political Philosophy of Hobbes*, Chicago: University of Chicago Press, 1963.

Strauss, L., *What is Political Philosophy*, New York and London: The Free Press & Macmillan, 1959.

Warrender, H., *The Political Philosophy of Hobbes: His Theory of Obligation*, Oxford, 1957.

Warrender, H., "Hobbes's Concept of Morality", in *Thomas Hobbes:*

Critical Assessments, Vol. II, (ed.) P. King, London and New York: Routledge, 1993.

Watkins, R. W. N., *Hobbes's System of Ideas*, New York: Barnes and Noble, 1968.

Zarka, Y. C., "First philosophy and the foundations of knowledge", in *The Cambridge Companion to Hobbes*, (ed.) T. Sorell, Cambridge University Press, 1996.

3. 국내 문헌

김용환, 『홉스의 사회 · 정치철학』, 철학과현실사, 1999.

____, 『관용과 열린 사회』, 철학과현실사, 1997.

____, 「홉스의 학문 세계에서 과학과 형이상학은 양립 가능한가?」, 『과학과 형이상학』, 자유사상사, 1993.

남경희, 『말의 질서와 국가』, 이화여대출판부, 1997.

라파엘, D. D., 『정치철학의 문제들』, 김용환 옮김, 서광사 1988.

레오 스트라우스, 『정치철학이란 무엇인가』, 양승태 옮김, 아카넷 2002.

리차드 턱(Richard Tuck), 『홉즈의 이해』, 강정인 편역, 문학과지성사, 1993.

마이클 하워드, 『평화의 발명』, 안두환 옮김, 전통과현대, 2002.

박은정, 『자연법사상』, 민음사, 1987.

보위, R. · 사이먼, V., 『사회 · 정치철학』, 이인탁 옮김, 서광사 1986.

임홍순, 『토마스 홉스 철학에서 합리성과 사회계약』, 서강대학교 박사학위논문, 1998.

정인홍, 『정치사상가평전』, 양영각, 1983.

조지 세이빈·토마스 솔슨, 『정치사상사 2』, 성유보·차남희 옮김, 한
   길사, 1991.

최광필, 『토마스 홉스의 합리성 개념에 대한 연구』, 고려대학교 박사학
   위논문, 2000.

최상용, 『평화의 정치사상』, 나남, 1997.

칼 슈미트, 『로마 가톨릭주의와 정치형태. 홉스 국가론에서의 리바이아
   턴』, 김효전 옮김, 교육과학사, 1992.

코플스톤, F., 『영국경험론』, 이재영 옮김, 서광사, 1991.

톰슨, D., 『서양 근대정치사상』, 김종술 옮김, 서광사, 1990.

홉스, T., 『리바이어던』, 한승조 옮김, 삼성출판사, 1990.

후버, W.·로이터, H. R., 『평화윤리』, 김윤옥·손규태 옮김, 대한기독
   교서회, 1997.

『서양근대철학』, 서양근대철학회 엮음, 창작과비평사, 2001.

『평화의 철학』, 서강대학교 철학연구소 엮음, 철학과현실사, 1995.

지은이 : 유 정 갑

부산중학교, 부산고등학교, 육군사관학교를 졸업했으며, 육군대학, 사단장, 국방정보본부장을 거쳐 육군 중장으로 예편했다. 또한 성균관대학교 경영대학원, 한양대학교 행정대학원을 졸업했으며, 중앙대학교에서 『토마스 홉스의 국가론과 평화 사상』으로 박사학위를 취득했다. 현재 단국대학교 법정학부 초빙교수(천안캠퍼스), 신성대학 초빙교수, 충남포럼(사단법인) 이사장으로 재직하고 있다. 주요 저서 및 논문으로는 『북방영토론』, 『인생을 내게 묻는다면』, 「북한의 주체사상과 정치사회화에 관한 연구」, 「남북한 통일정책 비교 분석」, 「북한은 변하고 있는가?」 등이 있다.

홉스의 국가론과 평화 사상

·

2005년 6월 20일 1판 1쇄 인쇄
2005년 6월 25일 1판 1쇄 발행

지은이 / 유 정 갑
발행인 / 전 춘 호
발행처 / 철학과현실사
서울시 서초구 양재동 338-10
전화 579-5908 · 5909
등록 / 1987.12.15.제1-583호

ISBN 89-7775-534-4   03340
값 12,000원